सजग और सज्जन

एक आदर्श और बेहतर इंसान बनने की यात्रा

डॉ. मीनाक्षी बंसल

|| समस्त संसार के ज्ञान-प्रेमियों को समर्पित ||

जो सत्य की खोज में, ज्ञान की राह पर अग्रसर हैं।
जिनकी जिज्ञासा कभी थमती नहीं, और जिनका उद्देश्य केवल आत्मविकास ही
नहीं, बल्कि संसार के कल्याण का भी है—यह कृति उन सभी साधकों को सादर
अर्पित है।

क्रम-सूची

क्रम-सूची

क्रम-सूची

प्रार्थना

ओम भद्रं कर्णेभिः श्रुणुयाम देवाः।
भद्रं पश्येमाक्षभिर्यजत्राः।
स्थिरैरंगैस्तुष्टुवांसस्तनूभिः।
व्यशेम देवहितं यदायुः।
स्वस्ति न इंद्रो वृद्धश्रवाः।
स्वस्ति नः पूषा विश्ववेदाः।
स्वस्ति नस्ताक्ष्र्यो अरिष्टनेमिः।
स्वस्ति नो बृहस्पतिर्दधातु।
ओम शांतिः शांतिः शांतिः।

यह मंत्र सार्वभौमिक कल्याण के लिए प्रार्थना है। इसमें विभिन्न देवताओं से सुरक्षा, स्वास्थ्य और सुख के लिए आशीर्वाद की याचना की गई है। यह मंत्र सभी इंद्रियों से शुभ का अनुभव करने और दिव्य उद्देश्य के साथ जीवन जीने के महत्व को रेखांकित करता है।

इंद्र, पूषा, ताक्ष्र्य (गरुड़) और बृहस्पति की कृपा से यह प्रार्थना जीवन में कल्याण और शांति की कामना करती है। अंत में "ओम शांतिः शांतिः शांतिः" तीन बार दोहराने का अर्थ है - व्यक्तिगत, पर्यावरणीय, और वैश्विक स्तर पर शांति की गहन कामना। यह मंत्र शांति, समृद्धि और सभी प्राणियों के शारीरिक एवं आध्यात्मिक कल्याण के लिए पाठ किया जाता है।

लेखिका के बारे में

डॉ. मीनाक्षी बंसल, जो भारत की राजधानी दिल्ली में जन्मीं, ने अपनी ज़िंदगी कला, शिक्षा, और समाज कल्याण के प्रति गहरी प्रतिबद्धता के साथ बिताई है। विवाह के बाद, उन्होंने अहमदाबाद, गुजरात को अपना नया निवास स्थान बनाया, जहाँ वे प्रेरणा का स्रोत बनकर उभरीं। डॉ. मीनाक्षी न केवल ललित कला की कुशल कलाकार हैं, बल्कि एक प्रतिष्ठित लेखिका, समर्पित समाजसेविका और मनोविज्ञान की विद्वान शोधकर्ता भी हैं। उनका जीवन, विशेष रूप से समाज के वंचित और पिछड़े बच्चों के उत्थान के प्रति समर्पण, सहभागिता और सहानुभूति की शक्ति में उनके गहरे विश्वास का परिचायक है।

अपने प्रारंभिक दिनों से ही मीनाक्षी ने पढ़ने के प्रति एक अदम्य लगन दिखाई। उनके साहित्यिक संसार में नैतिक कहानियाँ, प्रेरणादायक कथाएँ, और जीवन पाठों से परिपूर्ण पौराणिक गाथाएँ शामिल थीं। यह पढ़ने की आदत केवल व्यक्तिगत विकास के लिए नहीं थी, बल्कि छात्रों और सहकर्मियों के विकास के लिए इन कहानियों के सार को साझा करने की इच्छा से प्रेरित थी। वे विशेष रूप से आदि शंकराचार्य, स्वामी विवेकानंद, डॉ. एपीजे अब्दुल कलाम, महामना पंडित मदन मोहन मालवीय, महात्मा गांधी, सरदार वल्लभभाई पटेल, और विनोबा भावे जैसे ऐतिहासिक और आध्यात्मिक नेताओं के जीवन और शिक्षाओं से प्रभावित थीं। उनके विचार और जीवन कथाएँ मीनाक्षी को दृढ़ता, निःस्वार्थता और ज्ञान की खोज के आदर्शों को अपनाने के लिए प्रेरित करती रहीं।

डॉ. मीनाक्षी का मनोविज्ञान में शैक्षणिक और व्यावहारिक योगदान भी उल्लेखनीय है। एक शोधकर्ता के रूप में, उनका ध्यान मानव मन की जटिलता को समझने और मनोवैज्ञानिक कल्याण और सामाजिक समरसता के लिए संभावनाओं को उजागर करने पर केंद्रित रहा है। उनके सामाजिक कार्यों में, वे अपने अकादमिक ज्ञान को समाज के वंचित वर्गों के जीवन में वास्तविक परिवर्तन लाने के लिए उपयोग करती हैं। उनका समाज सेवा का दृष्टिकोण पारंपरिक ज्ञान और आधुनिक मनोवैज्ञानिक पद्धतियों का अनूठा संयोजन है, जो समाज के बहुआयामी मुद्दों का समाधान करता है।

उनकी कलात्मक प्रतिभाएँ, जो उनके विविध कौशल का एक और पहलू हैं, केवल व्यक्तिगत रुचि तक सीमित नहीं हैं। उनकी कला प्रतीकात्मकता और भावनात्मक गहराई से भरपूर होती है, जो उनके दार्शनिक विचारों और सामाजिक चिंताओं को व्यक्त करती है। उनकी रचनाएँ दर्शकों को उनके बुद्धिमत्ता और करुणा की गहराई में झांकने का अवसर प्रदान करती हैं।

कला और समाज विज्ञान के अतिरिक्त, डॉ. मीनाक्षी ने प्राणिक हीलिंग की उपचार कला में भी महारत हासिल की है, जिसे मास्टर चोआ कोक सुई ने विकसित किया था। यह पद्धति, जो शरीर और आभा को ठीक करने के लिए प्राण या जीवन ऊर्जा के उपयोग पर केंद्रित है, न केवल उनके लिए एक व्यक्तिगत खोज रही है, बल्कि दूसरों को उपचार प्रदान करने का एक माध्यम भी है। प्राणिक हीलिंग में उनकी दक्षता विभिन्न प्रकार के ध्यान सिखाने और अभ्यास के साथ पूरी होती है, जो व्यक्तियों और समुदायों में पुनरुत्थान, व्यक्तिगत विकास और समरसता के संवर्धन पर केंद्रित है।

डॉ. मीनाक्षी का जीवन केवल व्यक्तिगत उपलब्धियों की खोज नहीं है, बल्कि समाज के उत्थान और सशक्तिकरण के प्रति समर्पित एक यात्रा है। उनकी विविध रुचियाँ और प्रतिभाएँ—कला, साहित्य, मनोविज्ञान, और उपचार पद्धतियों को जोड़ती हुई—सेवा के एकमात्र पथ पर केंद्रित हैं। वे उन महान हस्तियों की भावना को आत्मसात करती हैं, जिन्होंने उन्हें प्रेरित किया, और अपने कार्यों और शिक्षाओं के माध्यम से उनकी विरासत को आगे बढ़ाती हैं। अपनी पुस्तकों, कला और सामाजिक पहलों के माध्यम से, वे नई पीढ़ी को आत्म-खोज, दृढ़ता और निःस्वार्थता की यात्रा पर चलने के लिए प्रेरित करती हैं।

समाज कल्याण के प्रति उनकी प्रतिबद्धता, विशेष रूप से वंचित बच्चों के उत्थान पर ध्यान केंद्रित करना, शिक्षा और व्यक्तिगत विकास की परिवर्तनकारी क्षमता की उनकी गहरी समझ को दर्शाती है। मनोविज्ञान, कलात्मक संवेदनशीलता और उपचार पद्धतियों के ज्ञान को जोड़कर, डॉ. बंसल ने एक समग्र दृष्टिकोण विकसित किया है जो न केवल तात्कालिक आवश्यकताओं बल्कि समुदायों की दीर्घकालिक भलाई को भी संबोधित करता है।

एक लेखिका के रूप में, डॉ. मीनाक्षी की रचनाएँ प्रेरणादायक अंतर्दृष्टियों,

व्यावहारिक ज्ञान और उनके विस्तृत अध्ययन और जीवन के अनुभवों से लिए गए चिंतनशील विचारों का मिश्रण प्रस्तुत करती हैं। उनकी पुस्तकें उन लोगों के लिए मार्गदर्शिका के रूप में कार्य करती हैं, जो जीवन की जटिलताओं को अनुग्रह, दृढ़ता और उद्देश्य के साथ नेविगेट करना चाहते हैं। अपनी कहानियों के माध्यम से, वे अपने पाठकों को अपने भीतर की गहराइयों का पता लगाने और समाज की सामूहिक भलाई में अर्थपूर्ण योगदान देने के लिए आमंत्रित करती हैं।

डॉ. मीनाक्षी बंसल में हमें एक अद्वितीय कलाकार, विद्वान, उपचारकर्ता और सामाजिक कार्यकर्ता का अद्भुत समन्वय मिलता है। उनका जीवन कार्य आशा का प्रतीक और दुनिया में बदलाव लाने की इच्छा रखने वाले व्यक्तियों के लिए प्रेरणा का स्रोत है। उनकी कहानी सहानुभूति और मानवता की भलाई के प्रति गहरी प्रतिबद्धता से प्रेरित व्यक्तिगत प्रयासों की शक्ति की एक प्रेरक याद दिलाती है। डॉ. मीनाक्षी की विरासत केवल उनके प्रयासों के ठोस परिणामों में नहीं है, बल्कि उस स्थायी जिज्ञासा, सहानुभूति और सेवा की भावना में है, जिसे वे प्रतिपादित करती हैं।

प्रस्तावना

यह पुस्तक लिखना मेरे लिए एक यात्रा रही है — एक ऐसी यात्रा, जिसमें मैंने अच्छे इंसानों के गुणों को समझने और उन्हें विकसित करने की गहरी इच्छा से प्रेरित होकर आत्म-चिंतन और अनुभव से बहुत कुछ सीखा। एक माँ, शिक्षिका और समाज की एक जागरूक सदस्य के रूप में मैंने अक्सर इस बारे में सोचा है कि बच्चों के चरित्र-निर्माण में कौन से मूल तत्व महत्वपूर्ण भूमिका निभाते हैं। आज के दौर में जब बाहरी प्रभाव बहुत प्रबल और कभी-कभी हावी हो जाते हैं, तब ऐसे समय में बच्चों में मजबूत, दयालु और सहनशील व्यक्तित्व का निर्माण करना और भी जरूरी हो गया है।

यह पुस्तक मेरे वर्षों के व्यक्तिगत अनुभव, शोध और उन अनेक अनुभवों का परिणाम है, जिन्हें मैंने अपने जीवन के विभिन्न पहलुओं से सीखा। इसे लिखने की प्रेरणा मुझे अपने ही अनुभवों और अन्य माता-पिता, शिक्षकों और देखभाल करने वालों के साथ हुई कई चर्चाओं से मिली, जो इन्हीं चिंताओं और लक्ष्यों को साझा करते हैं। हम सभी यही चाहते हैं कि हमारे बच्चे न केवल पारंपरिक रूप से सफल हों, बल्कि वे दयालु, सहानुभूति रखने वाले, जिम्मेदार और ईमानदारी से जीवन की जटिलताओं का सामना करने में सक्षम बनें।

चरित्र-निर्माण के महत्वपूर्ण पहलुओं में से एक है — सहानुभूति। सहानुभूति का अर्थ है दूसरों की भावनाओं को समझना और उन्हें महसूस करना। यह समाज में गहरे रिश्ते बनाने और एक करुणामय वातावरण को बढ़ावा देने के लिए अत्यंत आवश्यक है। बचपन से ही बच्चों को दूसरों के भाव समझना और उन पर प्रतिक्रिया करना सिखाया जा सकता है। छोटे-छोटे दयालु कार्य, ध्यान से सुनना और नाटक के माध्यम से हम बच्चों को दूसरों के दृष्टिकोण को समझने में मदद कर सकते हैं। स्वयं सहानुभूतिपूर्ण व्यवहार दिखाना बच्चों को सबसे ज्यादा प्रभावित करता है, क्योंकि वे वयस्कों की नकल करना सीखते हैं।

इसी तरह, सम्मान भी अच्छे चरित्र का एक आधार स्तंभ है — आत्म-सम्मान और दूसरों के प्रति सम्मान दोनों ही। बच्चों को खुद को और दूसरों को महत्व देना सिखाना महत्वपूर्ण है। इसके लिए हमें स्पष्ट अपेक्षाएं बतानी होंगी, अनुशासन

का पालन कराना होगा और ऐसा वातावरण बनाना होगा जहाँ आदर देना एक सामान्य व्यवहार हो। रोजमर्रा के व्यवहार — जैसे खिलौने बांटना, ध्यान से सुनना, धन्यवाद कहना — के माध्यम से हम बच्चों में यह आदत डाल सकते हैं। लगातार इनका अभ्यास कराकर और उनके प्रयासों को सराह कर हम बच्चों को सम्मान का महत्व समझा सकते हैं।

ईमानदारी भी एक ऐसा मूल्य है, जो विश्वास और नैतिकता की नींव रखता है। बच्चों में ईमानदारी को बढ़ावा देना तभी संभव है जब हम उन्हें यह महसूस कराएं कि वे सच बोल सकते हैं, चाहे स्थिति कितनी भी कठिन क्यों न हो। झूठ बोलने पर दंडित करने के बजाय समझाइश और मार्गदर्शन देना बेहतर होता है। जब बच्चे अपने माता-पिता और देखभाल करने वालों में ईमानदारी देखते हैं तो वे भी इसे अपनाते हैं।

दयालुता एक सरल लेकिन प्रभावशाली गुण है, जो जीवन और समाज दोनों को बदल सकता है। बच्चों में दयालुता जगाना है तो उन्हें दूसरों की भावनाओं और जरूरतों को समझने के लिए प्रेरित करें और ऐसे कार्यों को प्रोत्साहित करें जो खुशियाँ और आराम दें। कोई भी छोटा कार्य — जैसे मदद करना, चीजें साझा करना, मुस्कान देना — करुणा और परोपकार की भावना को बढ़ाता है।

जिम्मेदारी का मतलब है — अपने कार्यों को समझना और उनके परिणामों को स्वीकार करना। बच्चों को जिम्मेदार बनाना है तो उम्र के अनुसार कार्य सौंपें और उन्हें उनके फैसलों के परिणामों से रूबरू कराएं। गलतियों पर साथ देकर समझाएं ताकि वे भविष्य में और जिम्मेदार बन सकें।

साहस का मतलब है चुनौतियों और परेशनियों का मजबूती से सामना करना। बच्चों में साहस विकसित करना है तो ऐसा माहौल बनाएं, जहाँ वे नई चीजें करने में हिचकिचाएं नहीं। उनके प्रयासों की सराहना करें ताकि उनमें आत्मविश्वास और धैर्य पैदा हो।

धैर्य, कृतज्ञता, विनम्रता, उदारता, आत्म-अनुशासन, दृढ़ता, आशावाद, सेवा भावना, न्यायप्रियता, क्षमा, सहयोग, जिज्ञासा और शांति — ये सभी मूल्य जीवन में अत्यंत जरूरी हैं। इन मूल्यों को बच्चों में विकसित करने के लिए हमें उन्हें स्वयं

अपनाकर उदाहरण प्रस्तुत करना होगा, उनके प्रयासों को सराहना होगी और उन्हें अभ्यास करने के अवसर देने होंगे।

इन सभी मूल्यों और सिद्धांतों पर चिंतन करते हुए मुझे यह एहसास हुआ कि इनका असर मेरे जीवन और मेरे आसपास के लोगों के जीवन पर भी बहुत गहरा पड़ा है। प्रत्येक मूल्य बच्चों के व्यक्तित्व विकास में और उनके सामाजिक व्यवहार में महत्वपूर्ण भूमिका निभाता है। जब हम स्वयं अच्छे व्यवहार का उदाहरण प्रस्तुत करते हैं और सकारात्मक माहौल बनाते हैं तो हम बच्चों को ऐसा इंसान बना सकते हैं जो आने वाले कल में समाज के लिए आदर्श हो।

अच्छे इंसान बनाने की यह यात्रा आसान नहीं है, लेकिन यह यात्रा निश्चित रूप से सार्थक है। अपने बच्चों में नैतिक और चारित्रिक गुणों का विकास करके हम सबके लिए एक बेहतर भविष्य बना सकते हैं। माता-पिता, देखभाल करने वाले और शिक्षक के रूप में हमारे पास यह अवसर और जिम्मेदारी दोनों हैं कि हम अगली पीढ़ी को दयालु, मजबूत और जिम्मेदार बनाएं। मुझे उम्मीद है कि यह पुस्तक इस दिशा में एक उपयोगी संसाधन और प्रेरणा बनेगी।

इस पुस्तक को लिखते समय मैंने अपने अनुभवों, दूसरों की बातों और चरित्र निर्माण से जुड़ी कालजयी शिक्षाओं से प्रेरणा ली है। यह मेरे लिए प्रेम और समर्पण का काम है, क्योंकि मैं अपने बच्चों और खुद में सर्वोत्तम गुणों को विकसित करना चाहती हूँ। जैसे ही आप इस यात्रा पर निकलेंगे, मेरी शुभकामनाएँ आपके साथ हैं। आइए हम सब मिलकर एक ऐसा संसार बनाएं जहाँ दयालुता, ईमानदारी और सहानुभूति हमारे जीवन का आधार बनें।

डॉ. मिनाक्षी बंसल
सामाजिक कार्यकर्ता
अहमदाबाद, गुजरात, भारत

1

चरित्र की नींव – नैतिक विकास की मूल बातें

बच्चों में नैतिक विकास को बढ़ावा देने के लिए चरित्र की नींव को समझना बहुत जरूरी है। जीवन के शुरुआती साल ही वह दौर होते हैं जब उनके जीवन को दिशा देने वाले मूल्य और सिद्धांत स्थापित होते हैं। चरित्र निर्माण अकेले में नहीं होता; यह बच्चे के आसपास के वातावरण और अनुभवों से गहराई से जुड़ा होता है। एक अच्छे, संतुलित और नैतिक चरित्र के विकास के लिए, हमें नैतिक विकास की बुनियादी बातों को समझना चाहिए और यह जानना चाहिए कि वे कैसे बच्चे के कार्यों, फैसलों और उनके लोगों से व्यवहार को प्रभावित करते हैं।

नैतिक विकास की शुरुआत बचपन में ही होती है, जिसमें परिवार, संस्कृति, शिक्षा और सामाजिक रिश्ते गहरा असर डालते हैं। जन्म से ही बच्चे अपने आसपास के लोगों के व्यवहार, सोच और मूल्यों को देखना और सीखना शुरू कर देते हैं। वे नकल और प्रोत्साहन के माध्यम से बहुत कुछ सीखते हैं। माता-पिता और देखभाल करने वाले इस प्रक्रिया में सबसे महत्वपूर्ण भूमिका निभाते हैं; वे ही बच्चों के पहले नैतिक शिक्षक और रोल मॉडल होते हैं।

नैतिक विकास का एक बड़ा हिस्सा एक सुरक्षित और स्नेहमयी वातावरण बनाना है। जब बच्चे सुरक्षित, प्यार और आदर महसूस करते हैं, तो उनमें सहानुभूति, दया और आदर जैसे सकारात्मक गुण विकसित होते हैं। एक सहयोगी वातावरण उन्हें यह सिखाता है कि उनके कार्यों के परिणाम होते हैं और उनके फैसले मायने

रखते हैं। यही समझ उनके नैतिक विकास की आधारशिला बनती है।

सहानुभूति नैतिक विकास का एक महत्वपूर्ण पहलू है। यह दूसरों की भावनाओं को समझने और महसूस करने की क्षमता है। सहानुभूति बच्चों को दूसरों से भावनात्मक जुड़ाव बनाने और दयालुता विकसित करने में मदद करती है। इसे सिखाने के लिए माता-पिता और देखभाल करने वालों को स्वयं सहानुभूतिपूर्ण व्यवहार दिखाना चाहिए। जैसे बच्चों की भावनाओं को मान्यता देना, उन्हें अपनी भावनाएँ व्यक्त करने के लिए प्रोत्साहित करना, और दूसरों के नजरिये को समझाने के प्रयास करना। कहानियाँ पढ़ना, पात्रों की भावनाओं पर चर्चा करना और रोल-प्ले जैसे खेल बच्चों की सहानुभूति बढ़ाने में मदद करते हैं।

आदर भी चरित्र का एक मूलभूत तत्व है। यह खुद और दूसरों के मूल्य को समझना और सम्मान करना सिखाता है। बच्चों में आदर की भावना विकसित करने के लिए उनके व्यवहार के लिए स्पष्ट नियम तय करना, अनुशासन देना और स्वयं आदरपूर्ण व्यवहार दिखाना जरूरी है। यह भी जरूरी है कि बच्चों को यह अहसास कराया जाए कि सम्मान एक दोतरफा रिश्ता है — जैसे उन्हें सम्मान दिया जाता है, वैसे ही उन्हें भी दूसरों का सम्मान करना सीखना चाहिए।

ईमानदारी वह गुण है, जो नैतिकता और विश्वास का आधार बनता है। यह अपने शब्दों और कार्यों में सच्चे और पारदर्शी रहने की शिक्षा देता है। ईमानदारी से रिश्ते मजबूत होते हैं और भरोसा कायम होता है। बच्चों में ईमानदारी को बढ़ावा देने के लिए उन्हें ऐसा माहौल दें, जहाँ वे सच बोलने में सहज महसूस करें, भले ही वह कठिन क्यों न हो। खुलकर संवाद करना, उनकी ईमानदारी की प्रशंसा करना और गलती होने पर शांतिपूर्वक समझाना इस गुण को बढ़ाने में मदद करता है।

दयालुता ऐसा गुण है, जो न केवल दूसरों के लिए बल्कि स्वयं के लिए भी जीवन को सुंदर बनाता है। दयालुता सिखाने के लिए बच्चों को यह समझाना जरूरी है कि उनके कार्य दूसरों पर कैसे असर डालते हैं। बच्चों को छोटे-छोटे मदद के कार्यों में शामिल करना, कृतज्ञता का अभ्यास कराना और दयालु व्यवहारों की सराहना करना दयालुता विकसित करने में सहायक होता है।

जिम्मेदारी का मतलब है अपने कार्यों को स्वीकार करना और उनके प्रभाव को

समझना। बच्चों को जिम्मेदार बनाना है तो उन्हें उम्र के अनुसार काम सौंपें और उनके फैसलों के परिणामों को अनुभव करने दें। गलती होने पर उन्हें समझाते हुए सुधार का अवसर दें ताकि वे जिम्मेदार बन सकें।

साहस, धैर्य, कृतज्ञता, विनम्रता, उदारता, आत्म-अनुशासन, दृढ़ता, आशावाद, सेवा भावना, न्यायप्रियता, क्षमा, सहयोग, जिज्ञासा और शांति — ये सभी नैतिक विकास के महत्वपूर्ण गुण हैं। इन गुणों को बच्चों में विकसित करने के लिए माता-पिता और शिक्षक को स्वयं इन्हें अपनाना होगा, बच्चों के प्रयासों को प्रोत्साहित करना होगा और उन्हें इनके अभ्यास के अवसर देने होंगे।

चरित्र निर्माण विभिन्न मूल्यों और गुणों के आपसी जुड़ाव से बनता है। जब हम इन्हें समझकर बच्चों को सही दिशा में मार्गदर्शन देते हैं, तो हम उन्हें एक अच्छा, संवेदनशील और जिम्मेदार इंसान बनने में मदद कर सकते हैं। चरित्र निर्माण एक आजीवन यात्रा है, और माता-पिता, शिक्षक और देखभाल करने वालों के रूप में यह हमारी जिम्मेदारी है कि हम बच्चों को इस मार्ग पर सफलता पाने में सहारा दें। अच्छे व्यवहार का उदाहरण प्रस्तुत करके, सकारात्मक प्रोत्साहन देकर और एक ऐसा वातावरण बनाकर जिसमें सीखने और विकास का अवसर हो, हम बच्चों को ऐसा इंसान बना सकते हैं जो समाज में अच्छा योगदान दे और खुशहाल जीवन जी सके।

"जीवन के संगीत में हर सुर मायने रखता है, क्योंकि अक्सर सबसे सुंदर धुनें बेमेल सुरों से ही निकलती हैं।"

∽

2

सहानुभूति का निर्माण – बच्चों में दूसरों की परवाह करने की भावना जगाना

बच्चों में सहानुभूति (Empathy) का विकास करना उनके भावनात्मक और सामाजिक विकास के लिए बहुत जरूरी है। सहानुभूति का मतलब होता है — दूसरों की भावनाओं को समझना और महसूस करना। यह गुण स्वस्थ रिश्ते बनाने, दयालुता को बढ़ावा देने और एक करुणामय समाज बनाने में मदद करता है। बच्चों में दूसरों की परवाह करने की भावना विकसित करने के लिए माता-पिता और शिक्षकों को कई तरीकों से प्रयास करना पड़ता है — जैसे खुद सहानुभूति दिखाना, दूसरों के नजरिए को समझने के अवसर देना और करुणामय कार्यों को प्रोत्साहित करना।

बचपन से ही बच्चे अपने आसपास के लोगों की भावनाओं और अनुभवों के प्रति जिज्ञासा रखते हैं। यह जिज्ञासा उनके भीतर सहानुभूति के बीज बोने का एक बेहतरीन मौका देती है। माता-पिता और देखभाल करने वाले इस प्रक्रिया में सबसे महत्वपूर्ण भूमिका निभाते हैं, क्योंकि बच्चे उन्हीं को देखकर सहानुभूति का व्यवहार सीखते हैं। रोजमर्रा की बातचीत में जब बड़े लोग दूसरों की भावनाओं को समझकर और सम्मानपूर्वक व्यवहार करते हैं, तो बच्चे भी वैसा ही सीखते हैं। जैसे

ध्यान से सुनना, भावनाओं को स्वीकार करना और दिलासा देना — ये छोटे-छोटे कार्य बच्चों को सहानुभूति सिखाने में बड़ा असर डालते हैं।

सहानुभूति सिखाने का एक प्रभावी तरीका है — सक्रिय रूप से सुनना। जब बच्चे अपनी भावनाएं व्यक्त करते हैं — चाहे खुशी हो, दुख, नाराज़गी या उत्तेजना — तो बड़ों को बिना टोके ध्यान से सुनना चाहिए और उनकी भावनाओं को महत्व देना चाहिए। इससे बच्चे को यह अनुभव होता है कि उसकी भावनाएं मायने रखती हैं और उसकी बात को सुना और समझा जा रहा है। इससे बच्चे को यह सीख मिलती है कि जैसे उसकी भावनाओं को अहमियत दी गई, वैसे ही उसे भी दूसरों की भावनाओं का सम्मान करना चाहिए।

दूसरे व्यक्ति के नजरिए से चीजों को समझना भी सहानुभूति का एक अहम हिस्सा है। इसके लिए बच्चों को यह सिखाना जरूरी है कि अगर वे खुद उस व्यक्ति की जगह होते, तो कैसा महसूस करते? कहानियां पढ़कर और उनके पात्रों के भावों पर चर्चा करके यह गुण सिखाया जा सकता है। जैसे — "तुम्हें क्या लगता है, इस कहानी के पात्र को कैसा लग रहा होगा?" या "अगर तुम उसकी जगह होते तो क्या करते?" — ऐसे सवाल बच्चों को दूसरों की भावनाओं के बारे में सोचने पर मजबूर करते हैं।

रोल-प्लेइंग (भूमिका निभाना) भी एक बढ़िया तरीका है। इसमें बच्चे अलग-अलग परिस्थितियों में खुद को रखकर सोच सकते हैं कि उन्हें कैसा महसूस होगा और वे क्या करेंगे। जैसे — किसी दोस्त को दुखी देखकर उसे दिलासा देना या किसी को तंग कर रहे बच्चे का सामना करना — ये सब खेल-खेल में सिखाया जा सकता है।

बच्चों को अपनी भावनाएं व्यक्त करना सिखाना भी बहुत जरूरी है। जब बच्चे अपने दिल की बात खुलकर कह पाते हैं, तो वे दूसरों की भावनाओं को भी बेहतर समझ पाते हैं। इसके लिए बड़ों को ऐसा माहौल बनाना होगा, जिसमें बच्चे अपनी भावनाएं बिना डरे साझा कर सकें। जैसे — "मैं देख रहा हूँ कि तुम उदास हो," या "लगता है तुम बहुत खुश हो," — ऐसे वाक्य बच्चों को अपनी भावनाओं को शब्द देने में मदद करते हैं।

सहानुभूति सिर्फ दूसरों की भावनाएं समझने तक सीमित नहीं है, बल्कि इसमें दयालुता के कार्य भी शामिल हैं। बच्चों को दूसरों की मदद करने और उनकी परवाह करने के लिए प्रोत्साहित करना जरूरी है। जैसे — किसी दोस्त की मदद करना, खिलौने साझा करना या किसी दुखी को दिलासा देना — ये सभी छोटे-छोटे कार्य बच्चों में सहानुभूति को मजबूत करते हैं।

समुदाय सेवा और वालंटियर कार्य भी बच्चों में सहानुभूति जगाने के लिए बहुत अच्छे तरीके हैं। जैसे — किसी वृद्धाश्रम में जाकर बुजुर्गों से मिलना, स्थानीय फूड बैंक में मदद करना या पर्यावरण की सफाई करना — ये सब बच्चों को यह सिखाते हैं कि उनके कार्यों से दूसरों पर क्या असर पड़ता है। इससे उनमें समाज के प्रति जिम्मेदारी और करुणा की भावना बढ़ती है।

बड़ों का स्वयं सहानुभूतिपूर्ण व्यवहार बच्चों के लिए सबसे बड़ा उदाहरण बनता है। जब बच्चे देखते हैं कि उनके माता-पिता और शिक्षक दूसरों की मदद कर रहे हैं — जैसे बीमार पड़ोसी की चिंता करना, दुखी दोस्त को दिलासा देना, जरूरतमंद की मदद करना — तो वे भी वैसा ही करना सीखते हैं।

इसके साथ ही यह भी जरूरी है कि घर और स्कूल का माहौल ऐसा हो, जिसमें सहानुभूति को बढ़ावा मिले और उसकी राह में आने वाली बाधाओं को दूर किया जाए। जैसे — बुरे व्यवहार (जैसे तंग करना, दूसरों को नीचा दिखाना) को रोकना, बच्चों में सकारात्मक संवाद और सहयोग की भावना विकसित करना।

भावनाओं को नियंत्रित करने की कला भी सहानुभूति के विकास में मदद करती है। जब बच्चे अपनी भावनाओं को संभाल पाते हैं, तो वे दूसरों की भावनाओं को भी बेहतर समझ पाते हैं। इसके लिए बच्चों को गहरी सांस लेना, दस तक गिनना, पॉजिटिव सेल्फ-टॉक करना जैसे आसान तरीके सिखाए जा सकते हैं। माइंडफुलनेस (जैसे मेडिटेशन या ध्यान) भी इसमें सहायक है।

जब बच्चे सहानुभूति दिखाते हैं, तो उनकी सराहना और प्रशंसा जरूर करें। इससे उन्हें यह अहसास होता है कि उनका व्यवहार महत्वपूर्ण है। यह सकारात्मक प्रोत्साहन बच्चों को बार-बार सहानुभूति दिखाने के लिए प्रेरित करता है।

सहानुभूति एक ऐसा गुण है, जो जीवन भर विकसित होता रहता है। जैसे-जैसे बच्चे बड़े होते हैं और नए अनुभव पाते हैं, उनकी सहानुभूति भी गहराती जाती है। इसलिए बच्चों को सहानुभूति दिखाने के अवसर देना और उन्हें समझाना जरूरी है, ताकि वे इसे अपने जीवन का हिस्सा बना सकें।

कुल मिलाकर, बच्चों में सहानुभूति विकसित करने के लिए हमें खुद उदाहरण पेश करना होगा, उन्हें दूसरों के नजरिए से सोचने का अवसर देना होगा, करुणामय कार्यों को प्रोत्साहित करना होगा और भावनात्मक नियंत्रण सिखाना होगा। ऐसा करके हम बच्चों को एक बेहतर इंसान बना सकते हैं, जो समाज में दयालुता और समझदारी से भरा जीवन जी सके। निरंतर अभ्यास और प्रोत्साहन से बच्चे इस गुण को अपने व्यवहार में उतार सकते हैं और एक करुणामय समाज बनाने में योगदान दे सकते हैं।

"अराजकता के बीच भी शांति ढूंढो; तूफान में भी अपनी शक्ति पहचानो; क्योंकि विपत्ति में ही सफलता के बीज छिपे होते हैं।"

3

सम्मान का विकास – स्वयं और दूसरों के लिए आदर भाव जगाना

बच्चों में सम्मान की भावना विकसित करना उनके चरित्र निर्माण और समग्र विकास का एक महत्वपूर्ण हिस्सा है। सम्मान का अर्थ है — अपने और दूसरों के महत्व को समझना, सभी के साथ दयालुता और सोच-समझकर व्यवहार करना, और विभिन्न दृष्टिकोणों और अनुभवों को महत्व देना। बच्चों में सम्मान जगाने के लिए माता-पिता और शिक्षकों को कई पहलुओं पर काम करना होता है — जैसे खुद आदरपूर्ण व्यवहार दिखाना, स्पष्ट अपेक्षाएँ तय करना, अनुशासन सिखाना, और ऐसा वातावरण बनाना जिसमें सम्मान को महत्व दिया जाए और उसका अभ्यास हो।

बचपन से ही बच्चे अपने आसपास के लोगों के व्यवहार और दृष्टिकोण को देखना और सीखना शुरू कर देते हैं। माता-पिता और देखभाल करने वाले दूसरों के साथ व्यवहार करते हुए सम्मान का उदाहरण पेश कर सकते हैं। जब बच्चे बड़ों को रोजमर्रा के व्यवहार में आदर दिखाते हुए देखते हैं — जैसे 'कृपया' और 'धन्यवाद' कहना, किसी की बात ध्यान से सुनना और दूसरों के प्रयासों की सराहना करना — तो वे भी ऐसा करना सीखते हैं। ये छोटे-छोटे कार्य उन्हें सिखाते हैं कि हर किसी के साथ आदर और दयालुता से पेश आना जरूरी है।

सम्मान विकसित करने का एक और अहम पहलू है — बच्चों को आत्म-सम्मान सिखाना। आत्म-सम्मान का मतलब है — अपने महत्व को समझना, अपनी सीमाओं को पहचानना और अपने शारीरिक और मानसिक स्वास्थ्य का ख्याल रखना। जब बच्चों में आत्म-सम्मान होता है तो वे दूसरों के प्रति भी सम्मान दिखाते हैं। इसके लिए बड़ों को ऐसा माहौल बनाना होगा, जिसमें बच्चे को अहमियत और समर्थन महसूस हो। जैसे — उनकी अच्छी आदतों की प्रशंसा करना, उन्हें अपनी बात कहने के मौके देना और सकारात्मक आत्म-छवि बनाने में मदद करना।

बच्चों के व्यवहार के लिए स्पष्ट अपेक्षाएँ तय करना भी बहुत जरूरी है। बच्चों को यह समझाना होगा कि उनसे क्या अपेक्षित है और क्यों। नियमों और दिशानिर्देशों के जरिए सम्मानजनक व्यवहार सिखाया जा सकता है, जिससे बच्चे सामाजिक रिश्तों को समझ सकें और अपने कार्यों के परिणामों को जान सकें। इसके लिए अनुशासन भी जरूरी है — ताकि बच्चे समझें कि सम्मानजनक व्यवहार हमेशा जरूरी है और उसे गंभीरता से लिया जाता है।

सम्मान सिर्फ दूसरों के साथ कैसा व्यवहार करना है, यह नहीं बताता, बल्कि यह भी सिखाता है कि हमें विविध दृष्टिकोणों और अनुभवों की कदर करनी चाहिए। बच्चों को खुले दिमाग और सहानुभूति रखने के लिए प्रेरित करना चाहिए ताकि वे दुनिया को और अच्छे से समझ सकें। इसके लिए बच्चों को कहानियाँ पढ़कर, विभिन्न संस्कृतियों और परंपराओं के बारे में जानकारी देकर और अलग-अलग दृष्टिकोणों पर चर्चा करके उनकी सोच को व्यापक बनाया जा सकता है।

सक्रिय रूप से सुनना भी सम्मान दिखाने का एक महत्वपूर्ण हिस्सा है। जब बच्चे दूसरों की बात ध्यान से सुनते हैं, तो वे यह दिखाते हैं कि वे दूसरों की भावनाओं और विचारों को महत्व देते हैं। इसके लिए बच्चों को आँख से आँख मिलाकर सुनना, बीच में टोका-टाकी न करना और सोच-समझकर जवाब देना सिखाना चाहिए। खेल और भूमिकाएँ निभाकर यह कौशल मज़ेदार तरीके से सिखाया जा सकता है।

सम्मान विकसित करने में सहानुभूति भी जरूरी है। सहानुभूति का अर्थ है — दूसरों की भावनाओं को समझना और महसूस करना। बच्चों में सहानुभूति जगाने

के लिए उन्हें दूसरों की भावनाओं को पहचानना सिखाएँ, अलग-अलग दृष्टिकोण पर सोचने के लिए प्रेरित करें और करुणा के कार्य करने के अवसर दें। कहानियों के पात्रों पर चर्चा करना, वास्तविक जीवन की घटनाओं पर बात करना और सामाजिक कार्यों में भागीदारी करना बच्चों में सहानुभूति और सम्मान की भावना जगाने में मदद करता है।

विवाद समाधान की कला भी सम्मान सिखाने में मदद करती है। मनमुटाव होना सामान्य है, लेकिन बच्चों को इसे सम्मानपूर्वक सुलझाना भी सिखाना चाहिए। इसके लिए उन्हें अपनी भावनाएँ शांतिपूर्वक व्यक्त करना, दूसरों की बात ध्यान से सुनना और मिलकर हल निकालना सिखाएँ। भूमिका-नाट्य और अलग-अलग रणनीतियों पर चर्चा करके यह कौशल सिखाया जा सकता है।

बच्चों को सम्मान दिखाने के अवसर देना भी जरूरी है। जैसे — समूह कार्यों में हिस्सा लेना, खेल या प्रोजेक्ट में टीम वर्क करना, परिवार के फैसलों और कामों में शामिल करना — इससे उन्हें दूसरों के योगदान को समझने और सहयोग की भावना विकसित करने में मदद मिलती है।

सम्मानजनक व्यवहार के लिए सकारात्मक प्रशंसा भी जरूरी है। जब बच्चे अच्छा व्यवहार करते हैं — जैसे ध्यान से सुनते हैं, दूसरों की मदद करते हैं या सहानुभूति दिखाते हैं — तो उनकी तारीफ करें। इससे उन्हें लगेगा कि उनका प्रयास मायने रखता है और वे बार-बार ऐसा व्यवहार करना चाहेंगे।

अगर बच्चे कभी अनुचित व्यवहार करें तो उसे सजा देने के बजाय प्यार से समझाएँ कि ऐसा क्यों नहीं करना चाहिए और इसका दूसरों पर क्या असर होता है। उनसे माफी माँगने और अपनी गलती सुधारने के लिए प्रोत्साहित करें ताकि वे जिम्मेदारी और संवेदनशीलता विकसित कर सकें।

कृतज्ञता की भावना भी सम्मान सिखाने में मदद करती है। जब बच्चे अपने आसपास के लोगों, अनुभवों और चीज़ों की कदर करना सीखते हैं, तो वे सभी के साथ आदर और दयालुता से पेश आते हैं। इसके लिए उन्हें धन्यवाद पत्र लिखवाएँ, डायरी में अच्छे अनुभव दर्ज करवाएँ या परिवार के साथ भोजन के दौरान उनके आभार व्यक्त करने के मौके दें।

घर और स्कूल का माहौल ऐसा होना चाहिए, जिसमें सम्मान को लगातार महत्व मिले। इसके लिए बड़ों को खुद आदर्श बनना होगा, स्पष्ट अपेक्षाएँ तय करनी होंगी और सहानुभूति तथा खुले विचारों को बढ़ावा देना होगा। ऐसा करके बच्चे स्वस्थ और सम्मानजनक रिश्ते बनाने में माहिर बनेंगे और समाज में सकारात्मक योगदान देंगे।

सम्मान एक ऐसा मूल्य है, जो बच्चों के बड़े होने के साथ और गहरा होता जाता है। इसके लिए माता-पिता और शिक्षकों को बच्चों के अनुभवों, संवाद और अभ्यास में लगातार सहयोग देना जरूरी है।

आखिरकार, बच्चों में सम्मान का विकास उन्हें खुद के और दूसरों के मूल्य को समझने, अलग-अलग दृष्टिकोणों को अपनाने और सभी के साथ दयालुता और संवेदनशीलता से व्यवहार करने के लिए तैयार करता है। अगर बचपन से ही यह सिखाया जाए तो बच्चे इसे जीवन भर अपनाएंगे और एक करुणामय, शांतिपूर्ण समाज के निर्माण में योगदान देंगे।

"अंधकार में ही तारे दिखते हैं; असफलता में ही सफलता के बीज छुपे होते हैं; और हर ठोकर हमें नई संभावनाओं की ओर ले जाती है।"

4

ईमानदारी का विकास – रोज़मर्रा की ज़िंदगी में सत्यता का अभ्यास

बच्चों में ईमानदारी का विकास करना उनके नैतिक और चारित्रिक विकास का एक अहम हिस्सा है। ईमानदारी यानी सच बोलना और पारदर्शिता से व्यवहार करना, विश्वास बनाने, मजबूत रिश्ते बनाने और एक ईमानदार और सम्मानपूर्ण समाज बनाने के लिए जरूरी है। रोज़मर्रा की ज़िंदगी में बच्चों को ईमानदारी सिखाने के लिए माता-पिता और शिक्षकों को खुद ईमानदारी का उदाहरण प्रस्तुत करना होगा, ऐसा माहौल बनाना होगा जिसमें सच बोलने को महत्व दिया जाए, और बच्चों को ईमानदारी के महत्व और फायदों को समझाना होगा।

बच्चे बड़ों के व्यवहार और नजरिए को देखकर बहुत कुछ सीखते हैं। माता-पिता और देखभाल करने वाले अगर खुद ईमानदारी से पेश आते हैं तो बच्चे भी वैसा ही करना सीखते हैं। यह जरूरी है कि हम हर छोटी-बड़ी बात में सच बोलें — जैसे अपनी गलतियाँ स्वीकार करना, जब कुछ न पता हो तो साफ कहना, और बच्चों के सवालों के ईमानदार जवाब देना। इससे बच्चों को ऐसा माहौल मिलता है जिसमें ईमानदारी एक सामान्य आदत बन जाती है।

बच्चों में ईमानदारी विकसित करने के लिए ऐसा माहौल बनाना जरूरी है जिसमें वे बिना डरे सच बोल सकें। जब बच्चे यह जानते हैं कि सच बोलने पर उन्हें डांट

या सख्त सजा नहीं मिलेगी, तो वे अधिक ईमानदार बनते हैं। खुलकर बात करने के लिए बच्चों को प्रोत्साहित करना और ऐसा वातावरण देना जिसमें उनकी बातें सुनी और समझी जाएं, उन्हें सच बोलने के लिए आत्मविश्वास देता है। जब बच्चे समझते हैं कि वे समझे और सराहे जा रहे हैं, तो वे अपने विचार और भावनाएँ खुलकर बताते हैं।

ईमानदारी के लिए सकारात्मक प्रोत्साहन भी बहुत प्रभावी तरीका है। जब बच्चे सच बोलते हैं तो उनकी प्रशंसा करें और उन्हें बताएं कि ऐसा करके उन्होंने अच्छा किया। जैसे — "मुझे अच्छा लगा कि तुमने सच बताया, भले ही यह मुश्किल था।" ऐसा कहकर बच्चों को यह समझाने में मदद मिलेगी कि उनके ईमानदार व्यवहार का कितना महत्व है।

बच्चों को यह भी समझाना जरूरी है कि ईमानदारी क्यों जरूरी है और इससे क्या फायदा होता है। उन्हें बताएं कि सच बोलने से रिश्ते मजबूत होते हैं और भरोसा बनता है। झूठ बोलने के नुकसान — जैसे विश्वास टूटना या दूसरों को दुख पहुंचना — के बारे में भी चर्चा करें ताकि बच्चे अपने व्यवहार के असर को समझ सकें। रोजमर्रा की कहानियों और उदाहरणों से ईमानदारी का महत्व समझाना बच्चों के लिए आसान और रोचक तरीका हो सकता है।

अगर बच्चे कभी झूठ बोलें तो उन्हें डांटने के बजाय प्यार से समझाएँ कि यह क्यों गलत है और दूसरों पर इसका क्या असर पड़ता है। ऐसा करके उन्हें अपनी गलती का अहसास होगा और वे भविष्य में बेहतर निर्णय लेना सीखेंगे। उन्हें अपनी गलती मानने, माफी मांगने और सुधारने के लिए प्रोत्साहित करें ताकि उनमें जिम्मेदारी और ईमानदारी की भावना विकसित हो।

रोल-प्लेइंग और ईमानदारी से संवाद का अभ्यास कराना भी बच्चों के लिए उपयोगी है। बच्चों को ऐसी गतिविधियाँ कराएँ, जिसमें उन्हें सच बोलने की चुनौती हो, ताकि वे इसे सहज और आत्मविश्वास के साथ कर सकें। जैसे — किसी गलती को स्वीकार करने या किसी मुश्किल सच को बताने का अभ्यास कराना, बच्चों को ईमानदारी से पेश आने में मदद करता है।

ईमानदारी के विकास में निरंतरता भी बहुत जरूरी है। बच्चों को हर परिस्थिति

में — चाहे खुद के साथ हो, दोस्तों के साथ या बड़ों के साथ — ईमानदारी से पेश आने की आदत डालनी चाहिए। जब बच्चे देखते हैं कि ईमानदारी हर जगह और हर समय जरूरी है, तो वे इसे अपने व्यक्तित्व का हिस्सा बना लेते हैं।

बच्चों को यह भी सिखाएँ कि ईमानदारी हमेशा आसान नहीं होती, लेकिन यह हमेशा जरूरी होती है। कई बार सच बोलना मुश्किल या असहज लगता है, ऐसे समय में बच्चों को सहारा दें और उन्हें बताएं कि लंबे समय में ईमानदारी ही रिश्तों को मजबूत बनाती है और आत्म-सम्मान देती है।

सच बोलना और दूसरों की भावनाओं का सम्मान करना — दोनों में संतुलन बनाना भी जरूरी है। बच्चों को यह समझाएं कि सच बोलते हुए भी सामने वाले की भावनाओं का ख्याल रखना चाहिए। जैसे — आलोचना करते समय कठोर शब्दों के बजाय प्यार से समझाएँ ताकि बच्चे सच बोलने के साथ-साथ सहानुभूति भी सीखें।

ईमानदारी सिखाने के लिए बच्चों को अभ्यास के मौके देना जरूरी है। जैसे — कहानियाँ सुनकर अपनी राय देना, समूह में चर्चा करना, या प्रोजेक्ट में मिलकर काम करना — ऐसे अवसर बच्चों में सच बोलने और ईमानदारी की भावना विकसित करने में मदद करते हैं।

घर और समाज में ईमानदारी का माहौल बनाना भी बहुत जरूरी है। जब हर जगह सच बोलने की आदत को महत्व दिया जाए, तो बच्चे भी ईमानदारी को अपनाते हैं। यह स्कूल, दोस्तों और समाज के साथ व्यवहार में भी दिखेगा। ऐसा माहौल बनाकर हम बच्चों को यह सिखा सकते हैं कि ईमानदारी ही विश्वास और सम्मान का आधार है।

ईमानदारी का विकास एक लंबी प्रक्रिया है। जैसे-जैसे बच्चे बड़े होते हैं, उनके सामने सच बोलने की नई-नई चुनौतियाँ आती हैं। इसलिए माता-पिता और शिक्षकों को लगातार उन्हें सहयोग और मार्गदर्शन देना होगा। सच बोलने पर नियमित चर्चा करना, अनुभव साझा करना और अभ्यास के अवसर देना बच्चों को इस मूल्य में मजबूती देगा।

आखिरकार, बच्चों में ईमानदारी का विकास उन्हें यह समझने में मदद करता है कि सच बोलना और पारदर्शिता से व्यवहार करना कितना जरूरी है। माता-पिता और शिक्षक ईमानदार व्यवहार का उदाहरण प्रस्तुत करके, सकारात्मक माहौल बनाकर और लगातार प्रोत्साहन देकर बच्चों को यह सिखा सकते हैं। ऐसा करने से बच्चे सच बोलने को अपने व्यवहार में शामिल करेंगे और एक जिम्मेदार और भरोसेमंद इंसान बनेंगे, जो समाज को भी ईमानदारी और सम्मान के साथ बेहतर बनाएगा।

"अक्सर वही रास्ते सबसे खूबसूरत मंज़िलों तक ले जाते हैं, जिन पर चलना मुश्किल होता है।"

5

दयालुता की शक्ति – करुणा के कार्यों के लिए बच्चों को प्रेरित करना

दयालुता की शक्ति को कम करके नहीं आंका जा सकता। करुणा से भरे छोटे-छोटे कार्य भी जीवन बदल सकते हैं, मजबूत समुदाय बना सकते हैं और एक सहानुभूतिपूर्ण और जुड़ा हुआ समाज खड़ा कर सकते हैं। बच्चों में दयालुता को बढ़ावा देना उनके सामाजिक और भावनात्मक विकास के लिए बेहद जरूरी है। जब हम बच्चों को दयालु बनना सिखाते हैं, तो हम उनमें सहानुभूति, सहयोग और भावनात्मक समझ जैसे महत्वपूर्ण गुणों का विकास करते हैं, जो स्वस्थ रिश्ते बनाने और समाज में सकारात्मक योगदान देने के लिए जरूरी हैं।

बचपन से ही बच्चे दयालुता को समझ सकते हैं और उसका अभ्यास भी कर सकते हैं। वे अपने माता-पिता, देखभाल करने वालों और साथियों के व्यवहार से दयालुता के बारे में सीखते हैं। दयालुता सिखाने का सबसे अच्छा तरीका है — खुद करुणामय व्यवहार करना। जब बड़े लोग अपने जीवन में दयालुता दिखाते हैं — जैसे किसी जरूरतमंद की मदद करना, आभार प्रकट करना या किसी को सहारा देना — तो बच्चे भी वैसा ही करना सीखते हैं। यह उनके दिमाग में दयालुता के बीज बोने का काम करता है।

बच्चों में करुणा के व्यवहार को विकसित करने के लिए एक ऐसा वातावरण बनाना

जरूरी है जिसमें दयालुता को महत्व मिले। इसके लिए स्पष्ट अपेक्षाएँ तय करना, सकारात्मक प्रोत्साहन देना और दयालुता का अभ्यास करने के मौके देना जरूरी है। जब बच्चे देखते हैं कि दयालुता को महत्व दिया जाता है, तो वे भी वैसा ही व्यवहार अपनाते हैं। दयालुता के हर कार्य की प्रशंसा करना और उसे मान्यता देना इस भावना को और मजबूत करता है।

सहानुभूति सिखाना भी दयालुता के विकास का एक महत्वपूर्ण हिस्सा है। सहानुभूति यानी दूसरों की भावनाओं को समझना और महसूस करना। बच्चों में सहानुभूति जगाने के लिए उन्हें दूसरों के नजरिए को समझने, उनकी भावनाओं को पहचानने और करुणा के कार्य करने के अवसर देने चाहिए। विविध पात्रों की कहानियाँ पढ़ना, वास्तविक घटनाओं पर चर्चा करना और रोल-प्ले के खेल इसमें मददगार हो सकते हैं।

बच्चों को करुणा के कार्यों में शामिल होने के अवसर देना भी बहुत जरूरी है। यह काम रोज़मर्रा के छोटे कार्यों के साथ-साथ योजनाबद्ध गतिविधियों के जरिए भी किया जा सकता है। जैसे — सामुदायिक सेवा कार्यों में भाग लेना, वृद्धाश्रम में बुजुर्गों से मिलना, पर्यावरण की सफाई करना — ये सब बच्चों को यह सिखाते हैं कि उनके कार्यों से दूसरों पर क्या असर होता है। इसके अलावा, दोस्त की मदद करना, खिलौने साझा करना या दुखी बच्चे को दिलासा देना — ये सब रोज़मर्रा के छोटे कार्य हैं जो दयालुता को मजबूत करते हैं।

घर और समाज में दयालुता का माहौल बनाना भी जरूरी है। जब दयालुता को हर जगह महत्व मिलता है, तो बच्चे भी इसे अपने जीवन में उतारते हैं। माता-पिता और शिक्षक बच्चों को यह सिखा सकते हैं कि कैसे अपने साथियों, शिक्षकों और बड़ों के साथ दयालुता से पेश आना चाहिए। ऐसा माहौल बनाने से बच्चे दयालु और करुणामय रिश्ते बनाने में सक्षम होते हैं।

कृतज्ञता की भावना भी दयालुता को बढ़ावा देने में मदद करती है। जब बच्चे अपने जीवन में छोटी-छोटी चीज़ों और दूसरों के योगदान की कदर करना सीखते हैं, तो वे और अधिक दयालु बनते हैं। इसके लिए बच्चों को धन्यवाद पत्र लिखने, आभार डायरी लिखने या पारिवारिक भोजन के दौरान आभार प्रकट करने के लिए प्रोत्साहित करें।

दूसरों की जरूरतों और भावनाओं का ख्याल रखना भी दयालुता सिखाने में जरूरी है। बच्चों को यह सिखाएँ कि उन्हें अपने आसपास के लोगों की परवाह करनी चाहिए और उनके कार्यों का दूसरों पर क्या असर होता है, यह भी समझना चाहिए। अच्छे श्रोता बनना, सवाल पूछना और दूसरों के प्रति संवेदनशील व्यवहार करना — ये सब दयालुता का हिस्सा हैं।

बच्चों को यह भी समझाएँ कि दयालुता हमेशा आसान नहीं होती, लेकिन हमेशा जरूरी होती है। कई बार दयालु होने के लिए साहस, प्रयास और त्याग की जरूरत होती है। बच्चों को यह बताना कि दयालुता से रिश्ते मजबूत होते हैं और समाज में सकारात्मक बदलाव आता है, उन्हें दयालु बने रहने की प्रेरणा देता है।

अलग-अलग अवसरों पर दयालुता का अभ्यास करने का मौका देना भी जरूरी है — जैसे समूह गतिविधियाँ, खेलकूद, प्रोजेक्ट आदि, जहाँ बच्चे टीमवर्क, सम्मान और जिम्मेदारी सीखते हैं। घर के कामों में शामिल करके भी बच्चों में सहयोग और दयालुता सिखाई जा सकती है।

दयालुता को बढ़ावा देने के लिए सकारात्मक प्रशंसा एक असरदार तरीका है। जब बच्चे दयालु व्यवहार दिखाते हैं तो उनकी तारीफ करें। जैसे — "मुझे अच्छा लगा कि तुमने अपने दोस्त की मदद की," — ऐसा कहकर बच्चों को दयालुता के महत्व का अहसास कराएँ।

अगर बच्चे कभी निर्दयी व्यवहार करें तो उन्हें प्यार से समझाएँ कि ऐसा क्यों गलत है और दूसरों पर इसका क्या असर होता है। उन्हें अपनी गलती मानने और माफी माँगने के लिए प्रोत्साहित करें ताकि वे जिम्मेदारी और संवेदनशीलता सीखें।

बच्चों में दयालुता विकसित करने के लिए उन्हें परिवार और समुदाय से जोड़ना भी जरूरी है। जब बच्चे अपने परिवार और समाज से जुड़े रहते हैं, तो वे दयालुता का व्यवहार करना ज्यादा सीखते हैं।

बच्चों को खुद के प्रति भी दयालु बनना सिखाएँ। जब वे खुद का ख्याल रखना सीखते हैं, तो वे दूसरों के प्रति भी करुणा दिखाते हैं। उन्हें आत्म-सम्मान, खुद को

समझने और अपने स्वास्थ्य का ध्यान रखने के लिए प्रोत्साहित करें।

दयालुता सिखाना एक लंबी प्रक्रिया है। बच्चे जैसे-जैसे बड़े होते हैं, उन्हें नई-नई चुनौतियाँ मिलेंगी। माता-पिता और शिक्षकों को लगातार प्रोत्साहन और सहयोग देना होगा। बच्चों के अनुभवों पर चर्चा करना, दयालुता के बारे में बातें करना और व्यवहार का अभ्यास कराना जरूरी है।

आखिरकार, दयालुता की शक्ति में दुनिया को बेहतर बनाने की क्षमता है। जब हम बच्चों में करुणा के कार्यों को प्रोत्साहित करते हैं, तो वे दयालु और संवेदनशील इंसान बनते हैं। लगातार अभ्यास और प्रोत्साहन से वे दयालुता को अपने जीवन का हिस्सा बना सकते हैं और एक करुणामय और जुड़ा हुआ समाज बनाने में योगदान दे सकते हैं।

"जीवन के ताने-बाने में हर धागा महत्वपूर्ण है; क्योंकि अक्सर उन्हीं असमानताओं से वह और सुंदर बनता है।"

6

जिम्मेदारी का महत्व – बच्चों में अपने कार्यों के प्रति उत्तरदायित्व विकसित करना

बच्चों में जिम्मेदारी की भावना विकसित करना उनके व्यक्तित्व के विकास का एक महत्वपूर्ण हिस्सा है। इससे बच्चे अपने कार्यों के प्रति उत्तरदायी बनते हैं और यह समझ पाते हैं कि उनके व्यवहार के क्या परिणाम हो सकते हैं। जिम्मेदारी का मतलब सिर्फ कार्यों को पूरा करना या दायित्व निभाना नहीं है, बल्कि यह उनके अंदर नैतिक और चारित्रिक कर्तव्य की भावना जगाने से भी जुड़ा होता है। जिम्मेदारी से बच्चों में आत्म-विकास, आत्म-अनुशासन और जीवन की चुनौतियों का सामना करने की क्षमता पैदा होती है।

छोटी उम्र से ही बच्चों में जिम्मेदारी सिखाई जा सकती है। उनके लिए सरल और उम्र के अनुसार कार्य देकर यह भावना विकसित की जा सकती है कि उनके कार्यों का असर होता है और वे अपने परिवार, समुदाय और आसपास की दुनिया में महत्वपूर्ण भूमिका निभाते हैं। माता-पिता और देखभाल करने वाले इसमें महत्वपूर्ण भूमिका निभाते हैं — वे खुद जिम्मेदार व्यवहार का उदाहरण प्रस्तुत करें, स्पष्ट अपेक्षाएँ बताएं, अनुशासन सिखाएँ और मार्गदर्शन व सहयोग दें।

बड़ों का जिम्मेदार व्यवहार बच्चों के लिए सबसे प्रभावशाली उदाहरण होता है। बच्चे अपने आसपास के बड़ों के व्यवहार को देखकर सीखते हैं। जब माता-पिता और शिक्षक समय पर कार्य पूरे करते हैं, वादे निभाते हैं और अपनी जिम्मेदारियों को निभाते हैं, तो बच्चे भी वही व्यवहार अपनाते हैं। जैसे — समय पर स्कूल जाना, होमवर्क पूरा करना और दिए गए कार्यों को जिम्मेदारी से निभाना। ऐसा व्यवहार दिखाकर बड़ों को बच्चों को सिखाना चाहिए कि जिम्मेदार बनना क्या होता है।

जिम्मेदारी सिखाने के लिए बच्चों के लिए स्पष्ट अपेक्षाएँ तय करना बहुत जरूरी है। बच्चों को यह समझाना होगा कि उनसे क्या अपेक्षित है और क्यों। जैसे — होमवर्क पूरा करना, घर के कामों में मदद करना और अपने वादों को निभाना। स्पष्ट नियम और दिशानिर्देश बच्चों को यह समझाते हैं कि जिम्मेदारी से व्यवहार करना क्यों जरूरी है और उनके कार्यों का असर खुद उन पर और दूसरों पर कैसा पड़ता है।

अनुशासन भी जिम्मेदारी सिखाने में अहम भूमिका निभाता है। जब बच्चे समझ जाते हैं कि हर काम का एक नतीजा होता है, तो वे अपने व्यवहार को जिम्मेदारी से निभाना सीखते हैं। अनुशासन का मतलब कठोर दंड देना नहीं है, बल्कि बच्चों को उनके कार्यों के असर को समझाना है। जैसे — अगर बच्चा होमवर्क करना भूल गया, तो उसे खेलने का समय कम देना ताकि वह काम पूरा कर सके। इससे बच्चे को यह समझ आता है कि उसके कार्यों के नतीजे होते हैं और उसे अपनी जिम्मेदारी निभानी होगी।

मार्गदर्शन और सहयोग भी जिम्मेदारी सिखाने में जरूरी हैं। बच्चों को यह एहसास होना चाहिए कि वे अकेले नहीं हैं। जब बड़ों से सहयोग और प्रोत्साहन मिलता है, तो बच्चों में आत्मविश्वास आता है और वे जिम्मेदारी से अपने कार्य करते हैं। इसमें मदद देना, जिम्मेदार व्यवहार की तारीफ करना और चुनौतियों व सफलताओं पर खुलकर चर्चा करना शामिल है। इससे बच्चे जिम्मेदारी की जटिलताओं को समझ पाते हैं।

बच्चों को यह भी सिखाएँ कि उनके फैसलों और कार्यों के परिणाम होते हैं। जैसे — "अगर तुमने अपना होमवर्क पूरा नहीं किया तो क्या होगा?" या "तुम्हारे व्यवहार से तुम्हारे दोस्त को कैसा महसूस हुआ होगा?" — ऐसे सवाल बच्चों को सोचने पर

मजबूर करते हैं और जिम्मेदारी की समझ बढ़ाते हैं।

बच्चों को जिम्मेदारी निभाने के अवसर देना भी जरूरी है। जैसे — अपने पालतू जानवर की देखभाल करना, स्कूल का काम खुद संभालना, घर के कामों में हाथ बंटाना। इससे उनमें आत्मनिर्भरता और जिम्मेदारी की भावना आती है। परिवार के फैसलों में शामिल करना और कामों की जिम्मेदारी बाँटना भी जिम्मेदारी सिखाने में मदद करता है।

जिम्मेदार व्यवहार के लिए सकारात्मक प्रशंसा बहुत असरदार होती है। जब बच्चे जिम्मेदारी से काम करते हैं, तो उनकी तारीफ करें। जैसे — "मुझे अच्छा लगा कि तुमने बिना कहे अपना काम पूरा कर लिया।" — इससे उन्हें अपने कार्यों के महत्व का अहसास होगा और वे भविष्य में भी ऐसा व्यवहार दिखाएंगे।

समस्याओं को हल करने की कला भी जिम्मेदारी से जुड़ी होती है। बच्चों को समस्याओं को पहचानना, समाधान ढूँढना और कार्य करना सिखाएँ। जब वे खुद अपनी गलतियों से सीखते हैं, तो उनमें आत्मविश्वास और जिम्मेदारी की भावना बढ़ती है।

बच्चों को परिवार और समुदाय से जोड़ना भी जिम्मेदारी सिखाने का अहम तरीका है। जब बच्चे परिवार और समाज से जुड़े होते हैं, तो वे जिम्मेदारी से व्यवहार करना सीखते हैं। उन्हें समाज के लिए योगदान देने और दूसरों की मदद करने का महत्व भी बताना चाहिए।

आत्म-अनुशासन और समय प्रबंधन भी जिम्मेदारी निभाने के लिए जरूरी हैं। बच्चों को लक्ष्य तय करना, समय सारिणी बनाना और कामों को प्राथमिकता देना सिखाएँ। इससे वे आत्म-नियंत्रण और कार्यक्षमता विकसित कर पाते हैं। छोटे-छोटे कार्यों को चरणों में बाँटना, पढ़ाई-खेल का समय तय करना और ध्यान भटकाने वाली चीजों से बचना भी सिखाएँ।

जिम्मेदारी एक आजीवन मूल्य है, जो बच्चों के बड़े होने के साथ और भी गहराता जाता है। इसके लिए बड़ों को लगातार समर्थन और मार्गदर्शन देना जरूरी है। बच्चों से जिम्मेदारी के बारे में नियमित चर्चा करना, अपने अनुभव साझा करना और

अभ्यास के अवसर देना इस प्रक्रिया को और मजबूत करता है।

आखिरकार, बच्चों में जिम्मेदारी सिखाने का मतलब है — उन्हें यह समझाना कि अपने कार्यों के प्रति उत्तरदायित्व लेना क्यों जरूरी है और उनके फैसलों का खुद पर और दूसरों पर क्या असर होता है। जब माता-पिता और शिक्षक जिम्मेदार व्यवहार का उदाहरण प्रस्तुत करते हैं, स्पष्ट अपेक्षाएँ बताते हैं और सहयोग देते हैं, तो बच्चे भी जिम्मेदारी से व्यवहार करना सीखते हैं। ऐसा करके वे एक जिम्मेदार, भरोसेमंद और सम्मानजनक इंसान बनते हैं और समाज में सकारात्मक योगदान देते हैं।

"साहस डर की गैरमौजूदगी नहीं, बल्कि डर के बावजूद आगे बढ़ने की हिम्मत है।"

7

साहस का विकास – चुनौतियों का सामना करने की हिम्मत जगाना

बच्चों में साहस की भावना विकसित करना उनके विकास का एक अहम हिस्सा है। यह उन्हें चुनौतियों का सामना करने, बाधाओं को पार करने और आत्म-विश्वास व दृढ़ता के साथ जीवन की जटिलताओं से निपटने में मदद करता है। साहस केवल शारीरिक ताकत नहीं होता, बल्कि इसमें जोखिम उठाने की हिम्मत, अपने और दूसरों के लिए आवाज उठाना, डर का सामना करना और मुश्किलों में डटे रहना शामिल है। बच्चों में साहस विकसित करने के लिए उन्हें ऐसा माहौल देना जरूरी है जिसमें वे बिना डर के नए अनुभव ले सकें, बड़ों का साहसिक व्यवहार देखकर सीख सकें, साहस दिखाने के मौके पा सकें और सीखते हुए मार्गदर्शन व समर्थन पा सकें।

बचपन से ही बच्चों को ऐसे मौके मिलते हैं, जहाँ उन्हें साहस दिखाने की जरूरत होती है — जैसे कोई नया खेल सीखना, किसी बदमाश बच्चे का सामना करना या अपनी गलती स्वीकार करना। ये अनुभव उन्हें डर और अनिश्चितता से निपटना सिखाते हैं। माता-पिता और देखभाल करने वाले इसमें सबसे अहम भूमिका निभाते हैं। वे बच्चों को ऐसा माहौल दें जिसमें बच्चे सुरक्षित और समझे हुए

महसूस करें। इसके लिए बच्चों के डर को स्वीकार करना, उनकी भावनाओं को मान देना और उन्हें आत्म-विश्वास से चुनौतियों का सामना करने के लिए प्रेरित करना जरूरी है।

बड़ों का साहसी व्यवहार बच्चों के लिए सबसे बड़ा उदाहरण होता है। बच्चे अपने बड़ों के कार्यों और व्यवहार को देखकर सीखते हैं। जब माता-पिता और शिक्षक खुद भी मुश्किलों का डटकर सामना करते हैं — जैसे नए काम में हाथ आजमाना, सही के लिए आवाज उठाना, या मुश्किलों में हार न मानना — तो बच्चे भी वैसा ही करना सीखते हैं।

ऐसा माहौल बनाना भी जरूरी है जिसमें बच्चे जोखिम उठाने में सहज महसूस करें। उन्हें यह समझाना जरूरी है कि गलती करना भी सीखने और बढ़ने का एक हिस्सा है। बच्चों को नए काम आजमाने, अपनी पसंद के कामों में हाथ बँटाने और नई चुनौतियों को अपनाने के लिए प्रेरित करें। सिर्फ उनकी सफलता का जश्न मनाने के बजाय उनके प्रयास की भी सराहना करें ताकि वे साहस दिखाते रहें।

सकारात्मक प्रशंसा बच्चों में साहस बढ़ाने का एक प्रभावी तरीका है। जब बच्चे बहादुरी दिखाते हैं तो उनकी तारीफ करें। जैसे — "मुझे बहुत अच्छा लगा कि तुमने अपने दोस्त के लिए आवाज उठाई।" — ऐसा कहकर उन्हें यह समझाने में मदद करें कि उनके कार्य कितने महत्वपूर्ण थे।

बच्चों में ग्रोथ माइंडसेट (विकासात्मक सोच) भी साहस सिखाने में मदद करता है। इसका मतलब है — यह मानना कि मेहनत और प्रयास से हमारी क्षमताएँ और बुद्धि बढ़ती हैं। बच्चों को यह सिखाएँ कि चुनौतियाँ खतरनाक नहीं, बल्कि सीखने के मौके हैं। उनसे कहें कि अपनी गलतियों से सीखें और असफलता को भी आगे बढ़ने का मौका मानें।

बच्चों को अपने डर को संभालना भी सिखाएँ। डर एक सामान्य भावना है, लेकिन अगर इसे सही से न संभाला जाए तो यह बच्चों को आगे बढ़ने से रोक सकता है। बच्चों को गहरी साँस लेना, पॉजिटिव बातें सोचना और कल्पना के जरिए डर पर काबू पाने के तरीके सिखाएँ। डर पर बात करने के लिए प्रोत्साहित करें और उन्हें आश्वासन दें कि वे अकेले नहीं हैं।

बच्चों को साहस का अभ्यास कराने के लिए रोज़मर्रा के काम और योजनाबद्ध गतिविधियों में भी मौके दें। जैसे — कोई नया खेल सीखना, समूह के सामने बोलना, या कोई मुश्किल सवाल हल करना — ये सब साहस सिखाते हैं। परिवार में चर्चा और निर्णय लेने में उन्हें शामिल करें ताकि वे साहस और जिम्मेदारी दोनों सीख सकें।

बच्चों को अपनी और दूसरों की आवाज उठाना भी सिखाएँ। उन्हें यह सिखाएँ कि जब उन्हें या किसी और को मदद की जरूरत हो तो उन्हें खामोश नहीं रहना चाहिए। उन्हें अपने विचार कहने और अपनी सीमाओं को तय करने की हिम्मत दें ताकि वे सही के लिए खड़े हो सकें।

साहस सिखाने के लिए बच्चों में हार न मानने की आदत डालें। लक्ष्य तय करना, कार्यों को छोटे-छोटे हिस्सों में बाँटना और प्रयास करते रहना सिखाएँ ताकि वे मुश्किलों का सामना कर सकें। उनके प्रयास की सराहना करें ताकि वे बार-बार कोशिश करते रहें।

समस्या सुलझाने का कौशल भी बच्चों में साहस सिखाता है। बच्चों को समस्याओं को पहचानना, समाधान सोचना और उस पर काम करना सिखाएँ। ऐसा करने से वे आत्मविश्वासी और सक्षम बनते हैं। बच्चों को यह भी सिखाएँ कि अपनी गलतियों से सीखना और चुनौतियों को अवसर मानना कितना जरूरी है।

बच्चों में परिवार और समुदाय से जुड़ाव भी साहस को बढ़ाता है। जब बच्चे परिवार और दोस्तों से जुड़े होते हैं, तो वे मुश्किलों का सामना करते हुए भी अकेला महसूस नहीं करते। बच्चों को रिश्तों को मजबूत करने, समुदाय की गतिविधियों में भाग लेने और समाज में योगदान देने के लिए प्रेरित करें ताकि वे अपने कार्यों के महत्व को समझ सकें।

बच्चों को खुद के प्रति भी दयालु बनना सिखाएँ। जब वे खुद को समझते और अपना ख्याल रखते हैं तो उनमें आत्म-विश्वास और साहस बढ़ता है। उन्हें अपने गुणों की सराहना करना, अपनी भावनाओं को समझना और आत्म-देखभाल करना सिखाएँ ताकि वे मानसिक रूप से मजबूत बन सकें।

साहस एक आजीवन गुण है, जो अनुभव के साथ और गहरा होता जाता है। इसके लिए बड़ों को लगातार सहयोग और मार्गदर्शन देना होगा। बच्चों से साहस के बारे में नियमित बातें करना, अपने अनुभव साझा करना और अभ्यास के मौके देना जरूरी है।

आखिरकार, बच्चों में साहस का विकास करना मतलब है — उन्हें यह सिखाना कि चुनौतियों का सामना कैसे करें, डर से पार पाते हुए आत्म-विश्वास और दृढ़ता बनाए रखें। जब माता-पिता और शिक्षक खुद साहसी व्यवहार दिखाते हैं और बच्चों को प्रोत्साहित करते हैं, तो बच्चे भी साहसिक और आत्म-विश्वासी बनते हैं। ऐसा करके वे एक मजबूत, साहसी और आत्मनिर्भर समाज का हिस्सा बन सकते हैं।

"सपने देखना गुरुत्वाकर्षण को चुनौती देना है; कल्पना की उड़ान भरना है; और आकाश को अपनी कल्पना के रंगों से सजाना है।"

◦◦

8

धैर्य का महत्व – प्रतीक्षा की कला सिखाना

आज की तेज़-रफ़्तार दुनिया में, जहाँ हर चीज़ तुरंत चाहिए, वहाँ धैर्य का महत्व अक्सर नज़रअंदाज़ कर दिया जाता है। बच्चों में प्रतीक्षा की कला सिखाना उनके भावनात्मक और सामाजिक विकास के लिए बहुत जरूरी है। धैर्य का मतलब है — देरी को सहन करना, निराशा को संभालना और दबाव में शांत रहना। यह एक ऐसा महत्वपूर्ण कौशल है, जिससे बच्चों में आत्म-नियंत्रण, सहनशीलता और जीवन की अनिश्चितताओं से निपटने की क्षमता विकसित होती है। बच्चों में धैर्य विकसित करने के लिए माता-पिता और शिक्षकों को खुद धैर्य का उदाहरण देना, बच्चों को प्रतीक्षा का अभ्यास कराने के मौके देना और उन्हें सही मार्गदर्शन व समर्थन देना जरूरी है।

छोटी उम्र से ही बच्चे ऐसी स्थितियों का सामना करने लगते हैं, जहाँ उन्हें धैर्य रखना पड़ता है — जैसे खेलने की बारी का इंतजार करना, लाइन में खड़ा होना या अपनी पसंदीदा चीज़ के लिए इंतजार करना। ऐसे अनुभव उनके भावनात्मक नियंत्रण और धैर्य को विकसित करते हैं। माता-पिता और देखभाल करने वाले बच्चों को धैर्य सिखाने में अहम भूमिका निभाते हैं। वे बच्चों को ऐसा माहौल देते हैं, जहाँ प्रतीक्षा को प्रोत्साहित किया जाता है, धैर्य का अभ्यास कराया जाता है और सकारात्मक उदाहरण दिखाया जाता है।

खुद धैर्य का उदाहरण पेश करना सबसे असरदार तरीका है। बच्चे अपने आसपास के बड़ों के व्यवहार से सीखते हैं। जब माता-पिता और शिक्षक रोज़मर्रा की जिंदगी में धैर्य दिखाते हैं — जैसे ट्रैफिक में शांति से खड़े रहना, किसी देरी को संयम से लेना, या किसी परेशानी में सकारात्मक दृष्टिकोण रखना — तो बच्चे भी वैसा ही करना सीखते हैं।

ऐसा माहौल बनाना भी जरूरी है जिसमें बच्चों को धैर्य रखने की आदत बने। इसके लिए बच्चों को व्यवहार के स्पष्ट नियम समझाएँ, अनुशासन सिखाएँ और प्रतीक्षा का अभ्यास करने के अवसर दें। जब बच्चे देखते हैं कि प्रतीक्षा को महत्व दिया जाता है, तो वे भी इसे अपनाने लगते हैं। जैसे — "मुझे अच्छा लगा कि तुमने अपनी बारी का शांति से इंतजार किया" — ऐसा कहकर उनकी तारीफ करें और उन्हें समझाएँ कि उनका व्यवहार कितना अच्छा था।

बच्चों को प्रतीक्षा का महत्व समझाना भी जरूरी है। जैसे — अपनी मनपसंद चीज़ के लिए पैसे बचाकर खरीदना, या किसी खास मौके का इंतजार करना। इससे बच्चों में आत्म-नियंत्रण और लक्ष्य के लिए परिश्रम करने की आदत आती है।

बच्चों को धैर्य का अभ्यास कराने के मौके देना भी जरूरी है — जैसे बोर्ड गेम खेलना, बागवानी करना या खाना पकाने में मदद लेना। इससे वे धीरे-धीरे प्रतीक्षा और संयम रखना सीखते हैं। इसके अलावा, परिवार में खाने के पहले सबके बैठने का इंतजार करना, बातचीत में अपनी बारी का इंतजार करना — ये सब भी धैर्य सिखाते हैं।

बच्चों को अपनी भावनाओं को संभालना भी सिखाएँ। धैर्य रखने के लिए जरूरी है कि वे देरी और परेशानी में भी शांत रहें। इसके लिए गहरी साँस लेना, पॉजिटिव बातें सोचना और माइंडफुलनेस जैसी तकनीकें सिखाएँ। बच्चों को अपनी भावनाओं के बारे में खुलकर बात करने का मौका दें और उन्हें सहारा दें ताकि वे समझें कि उनकी भावनाओं को महत्व दिया जाता है।

धैर्य बढ़ाने के लिए सकारात्मक प्रशंसा भी बहुत असरदार होती है। जैसे — "मुझे अच्छा लगा कि तुमने अपनी बारी का शांति से इंतजार किया।" — इससे बच्चे

समझते हैं कि उनका व्यवहार सराहनीय है और वे बार-बार ऐसा व्यवहार करेंगे।

समस्याओं को हल करना भी धैर्य सिखाने में मदद करता है। जब बच्चे समस्या को पहचानकर, सोच-समझकर समाधान निकालते हैं, तो वे आत्मविश्वासी और संयमी बनते हैं। बच्चों को यह सिखाएँ कि गलतियों से सीखना और चुनौतियों को अवसर की तरह देखना जरूरी है।

बच्चों को परिवार और समाज से जोड़ना भी जरूरी है। जब बच्चे खुद को परिवार और समाज से जुड़े महसूस करते हैं, तो वे धैर्य दिखाने में और समर्थ होते हैं। दूसरों की मदद करना, समाज में योगदान देना और जिम्मेदारियाँ निभाना भी धैर्य सिखाने में सहायक है।

बच्चों को अपने प्रति दयालु बनना भी सिखाएँ। जब बच्चे खुद की कद्र करते हैं, तो उनमें आत्म-विश्वास, धैर्य और सहनशीलता बढ़ती है। उन्हें अपने गुणों की सराहना करना, आत्म-देखभाल करना और खुद को समझना सिखाएँ ताकि वे मानसिक रूप से मजबूत बन सकें।

धैर्य एक आजीवन मूल्य है। बच्चों को लगातार सहयोग और मार्गदर्शन देना जरूरी है। उनके साथ धैर्य पर चर्चा करें, अपने अनुभव बाँटें और उन्हें अभ्यास करने के मौके दें ताकि वे इसे अपने जीवन में शामिल कर सकें।

आखिरकार, बच्चों में धैर्य सिखाने का मतलब है — उन्हें यह समझाना कि प्रतीक्षा करना, देरी को सहन करना और दबाव में शांत रहना क्यों जरूरी है। माता-पिता और शिक्षक अगर खुद धैर्य का उदाहरण पेश करें, उन्हें प्रोत्साहित करें और लगातार समर्थन दें, तो बच्चे भी आत्म-नियंत्रण और सहनशीलता वाले इंसान बनेंगे। ऐसा करके वे एक शांत, समझदार और मजबूत समाज का हिस्सा बन सकते हैं।

"जीवन के नृत्य में, उजाले और अँधेरे दोनों को अपनाओ; क्योंकि इन्हीं के मेल से यात्रा की असली सुंदरता खिल उठती है।"

ᦲ

9

आभार का महत्व – बच्चों के दिलों में कृतज्ञता जगाना

बच्चों में आभार की भावना विकसित करना उनके भावनात्मक और सामाजिक विकास का एक महत्वपूर्ण हिस्सा है। आभार यानी जीवन में अच्छी चीज़ों को पहचानना और उनके लिए धन्यवाद देना — यह बच्चों में सकारात्मक दृष्टिकोण, मजबूत रिश्ते, और एक दयालु और जुड़ा हुआ समाज बनाने में मदद करता है। बच्चों को आभारी बनाना उन्हें संतोष, सहनशीलता और खुश रहने की कला सिखाता है। इसके लिए बड़ों को खुद आभार का उदाहरण दिखाना, बच्चों को आभार प्रकट करने के मौके देना और उन्हें प्रोत्साहित व मार्गदर्शन देना जरूरी है।

छोटी उम्र से ही बच्चे आभार को समझने और व्यक्त करने लगते हैं। माता-पिता और देखभाल करने वाले इसमें सबसे अहम भूमिका निभाते हैं। जब बच्चे बड़ों को लगातार आभार व्यक्त करते हुए देखते हैं — जैसे "धन्यवाद" कहना, दूसरों के प्रयासों की सराहना करना और जीवन की अच्छी चीज़ों के लिए शुक्रगुजार होना — तो वे भी वैसा ही व्यवहार करना सीखते हैं।

ऐसा माहौल बनाना जिसमें आभार को महत्व मिले, बच्चों में इस मूल्य को मजबूत करता है। इसके लिए बच्चों के व्यवहार की स्पष्ट अपेक्षाएँ तय करना, अनुशासन बनाए रखना और आभार प्रकट करने के अवसर देना जरूरी है। जब बच्चे देखते हैं

कि आभार दिखाना जरूरी और अच्छा माना जाता है, तो वे इसे अपनाते हैं। जैसे — "मुझे अच्छा लगा कि तुमने अपने दोस्त को उसकी मदद के लिए धन्यवाद कहा।" — ऐसा कहकर उन्हें उनके अच्छे व्यवहार का महत्व समझाएँ।

बच्चों को आभार व्यक्त करना सिखाना भी जरूरी है। इसके लिए आभार डायरी लिखना, जिसमें बच्चे रोज़ कुछ ऐसी चीज़ें लिखें जिनके लिए वे आभारी हैं, या आभार जार बनाना, जिसमें वे अच्छी चीज़ों की पर्ची डालें, जैसे छोटे-छोटे कदमों से यह आदत बनती है। धन्यवाद कार्ड बनाना, प्रशंसा करना और दयालुता के कार्य करना भी बच्चों को यह सिखाता है कि आभार दिखाना दूसरों के लिए भी कितना अच्छा होता है।

दूसरों के प्रयासों की सराहना करना भी आभार सिखाने का अहम हिस्सा है। बच्चों को यह समझाएँ कि उनकी जिंदगी में कई लोग अपनी भूमिका निभा रहे हैं — परिवार, शिक्षक, दोस्त और समाज के लोग। उन्हें दूसरों का धन्यवाद करना सिखाएँ, जैसे — "माँ के खाने के लिए धन्यवाद," "दोस्त की मदद के लिए धन्यवाद।" — इससे बच्चों में गहरी कृतज्ञता की भावना विकसित होती है।

सहानुभूति भी आभार सिखाने में मदद करती है। जब बच्चे दूसरों की भावनाओं और कोशिशों को समझते हैं, तो उनमें आभार भी बढ़ता है। इसके लिए बच्चों को कहानियाँ पढ़ाना, घटनाओं पर चर्चा करना और रोल-प्ले कराना मददगार हो सकता है।

आभार सिखाने के लिए सकारात्मक प्रशंसा भी जरूरी है। जैसे — "मुझे अच्छा लगा कि तुमने अपने दोस्त का खिलौना शेयर करने पर उसका धन्यवाद किया।" — इससे बच्चे समझते हैं कि उनका व्यवहार महत्वपूर्ण है और वे इसे बार-बार करेंगे।

बच्चों को अपनी भावनाओं को संभालना भी सिखाएँ। आभार दिखाने के लिए जरूरी है कि वे मुश्किलों में भी अच्छाई को पहचानें। इसके लिए गहरी साँस लेना, पॉजिटिव बातें सोचना और माइंडफुलनेस जैसी तकनीकें सिखाएँ ताकि वे शांत और समझदार बन सकें।

बच्चों को आभार का अभ्यास कराने के लिए घर में और बाहर के कामों में भी मौके दें। जैसे — सामुदायिक सेवा, किसी की मदद करना, परिवार के खाने में सबके योगदान की तारीफ करना। ऐसा करने से बच्चों में जिम्मेदारी और दूसरों की कद्र करने की भावना आती है।

बच्चों में ग्रोथ माइंडसेट भी जरूरी है। यानी — चुनौतियों को अवसर की तरह देखना। जब बच्चे अपनी गलतियों से सीखते हैं और बार-बार कोशिश करते हैं, तो उनमें आत्म-विश्वास और आभार दोनों बढ़ता है।

बच्चों को परिवार और समाज से जोड़ना भी जरूरी है। जब बच्चे खुद को परिवार और समाज से जुड़ा महसूस करते हैं, तो वे आभार व्यक्त करने में भी सहज होते हैं। दूसरों की मदद करना और उनके योगदान की कद्र करना उन्हें समाज में योगदान देने की भावना सिखाता है।

बच्चों को अपने प्रति भी दयालु बनना सिखाएँ। जब बच्चे खुद की कद्र करते हैं, तो वे दूसरों के प्रति भी दयालु और आभारी बनते हैं। आत्म-सम्मान, आत्म-देखभाल और खुद की भावनाओं को समझना — ये सब उनके अंदर आभार की भावना को मजबूत करते हैं।

आभार एक आजीवन मूल्य है, जो बच्चों के अनुभवों के साथ और भी बढ़ता है। इसके लिए बड़ों को लगातार समर्थन, मार्गदर्शन और प्रोत्साहन देना जरूरी है। बच्चों के साथ आभार पर चर्चा करें, अपने अनुभव साझा करें और उन्हें अभ्यास करने के मौके दें ताकि यह आदत उनके व्यक्तित्व का हिस्सा बन जाए।

आखिरकार, बच्चों में आभार सिखाने का मतलब है — उन्हें यह समझाना कि जीवन की अच्छी चीज़ों और दूसरों के योगदान के लिए धन्यवाद कहना क्यों जरूरी है। माता-पिता और शिक्षक अगर खुद आभार का उदाहरण दें, बच्चों को प्रोत्साहित करें और लगातार समर्थन दें, तो बच्चे आभार दिखाने वाले इंसान बनेंगे और एक दयालु, जुड़ा हुआ समाज बनाएँगे।

"जैसे राख से फीनिक्स उठता है, वैसे ही मुश्किलों से सहनशीलता की आग जलती है, और संघर्ष की चिंगारियों से ताक़त पैदा होती है।"

10

विनम्रता का महत्व – आत्मसम्मान और नम्रता का संतुलन

विनम्रता एक ऐसा गुण है जो बच्चों को आत्मसम्मान के साथ-साथ नम्रता भी सिखाता है। बच्चों को विनम्रता का महत्व समझाने का मतलब है — उन्हें यह सिखाना कि अपनी खूबियों और योग्यताओं को पहचानें, लेकिन दूसरों के योगदान और प्रयासों की भी कद्र करें। विनम्रता का मतलब खुद को छोटा समझना या अपनी उपलब्धियों को कम आंकना नहीं है; बल्कि यह खुद का सही मूल्यांकन करने और यह समझने से जुड़ा है कि कोई भी किसी से बड़ा या छोटा नहीं है। बच्चों में विनम्रता का विकास करने से उनमें रिश्ते मजबूत होते हैं, सहानुभूति और सम्मान की भावना आती है और उनका व्यक्तिगत विकास भी होता है।

बचपन से ही बच्चे अपनी खूबियों और ताकत को पहचानने लगते हैं। उनका आत्मविश्वास बढ़ाना जरूरी है, लेकिन यह विनम्रता के साथ संतुलित होना चाहिए, ताकि वे घमंडी या अधिकारपूर्ण न बनें। माता-पिता और देखभाल करने वाले बच्चों को विनम्र व्यवहार का उदाहरण दिखाएँ, यथार्थवादी अपेक्षाएँ तय करें और उन्हें यह सिखाएँ कि अपनी प्रतिभा के साथ-साथ दूसरों के योगदान की भी सराहना करना जरूरी है।

बड़ों का विनम्र व्यवहार बच्चों के लिए सबसे अच्छा उदाहरण होता है। बच्चे अपने

बड़ों के कार्यों और नजरिए को देखकर सीखते हैं। जब माता-पिता और शिक्षक विनम्रता दिखाते हैं — जैसे अपनी कमजोरियों को स्वीकार करना, दूसरों को श्रेय देना, दूसरों की मदद के लिए आभार प्रकट करना — तो बच्चे भी ऐसा करना सीखते हैं। ऐसा व्यवहार बच्चों को सिखाता है कि सफलता मिलने पर भी दूसरों की सराहना करना और विनम्र रहना जरूरी है।

ऐसा माहौल बनाना भी जरूरी है जिसमें विनम्रता को महत्व मिले। इसके लिए बच्चों को व्यवहार की स्पष्ट अपेक्षाएँ बतानी होंगी, अनुशासन सिखाना होगा और विनम्रता का अभ्यास करने के मौके देने होंगे। जैसे — "मुझे अच्छा लगा कि तुमने प्रोजेक्ट पूरा करने में अपने दोस्त की मदद का जिक्र किया।" — ऐसा कहकर बच्चों को उनके अच्छे व्यवहार का महत्व समझाएँ।

बच्चों को यह भी सिखाएँ कि उनकी सफलता में दूसरों का भी योगदान होता है। जैसे — समूह प्रोजेक्ट में दोस्तों के प्रयासों की तारीफ करना, परिवार के सदस्यों की मदद को मान देना। जब बच्चे यह समझते हैं कि हर सफलता के पीछे किसी न किसी का सहयोग होता है, तो उनके मन में आभार और विनम्रता आती है।

सहानुभूति भी विनम्रता सिखाने में मदद करती है। दूसरों की भावनाओं को समझना, उनकी परिस्थितियों को महसूस करना — इससे बच्चों में विनम्रता और सम्मान की भावना आती है। इसके लिए कहानियाँ पढ़ना, घटनाओं पर चर्चा करना और रोल-प्ले करना बहुत उपयोगी हो सकता है।

विनम्रता के लिए सकारात्मक प्रशंसा भी जरूरी है। जैसे — "मुझे अच्छा लगा कि तुमने टीम की सफलता के लिए सभी को श्रेय दिया।" — ऐसा कहकर बच्चों को उनके अच्छे व्यवहार का महत्व समझाएँ और उन्हें प्रोत्साहित करें।

बच्चों को अपने 'अहंकार' को संभालना भी सिखाएँ। कई बार बच्चों को अपनी सफलता पर घमंड हो सकता है। उन्हें यह समझाएँ कि विनम्र बने रहना ही असली ताकत है। इसके लिए गहरी साँस लेना, पॉजिटिव बातें सोचना और माइंडफुलनेस जैसी तकनीकें सिखाएँ। बच्चों को अपनी भावनाओं के बारे में बात करने के लिए प्रेरित करें और उनका साथ दें।

बच्चों को विनम्रता का अभ्यास कराने के मौके देना जरूरी है। जैसे — टीमवर्क में काम करना, दूसरों की तारीफ करना, मिलकर काम करना। इसके अलावा, घर में जिम्मेदारियाँ बाँटना, एक-दूसरे के प्रयासों की तारीफ करना, आभार व्यक्त करना — ये सब भी विनम्रता सिखाते हैं।

बच्चों में ग्रोथ माइंडसेट भी जरूरी है। यानी — चुनौतियों को अवसर की तरह देखना और गलतियों से सीखना। जब बच्चे चुनौतियों को खुले दिल से स्वीकार करते हैं और लगातार कोशिश करते हैं, तो उनमें आत्मविश्वास के साथ विनम्रता भी आती है।

परिवार और समाज से जुड़ाव भी विनम्रता सिखाने में मदद करता है। जब बच्चे परिवार और दोस्तों से जुड़े रहते हैं, तो वे दूसरों की मदद और योगदान को भी महत्व देते हैं। समाज में योगदान देने और दूसरों के प्रति जिम्मेदारी निभाने की भावना भी विनम्रता सिखाती है।

बच्चों को अपने प्रति भी दयालु बनना सिखाएँ। आत्मसम्मान और आत्म-देखभाल के जरिए वे अपनी ताकत को पहचानते हैं और विनम्रता से जीना सीखते हैं। खुद की तारीफ करना, अपनी खूबियों को पहचानना और खुद का ख्याल रखना — ये सब उन्हें विनम्र और मजबूत बनाते हैं।

विनम्रता एक आजीवन मूल्य है। इसके लिए माता-पिता और शिक्षकों को लगातार सहयोग और प्रोत्साहन देना जरूरी है। बच्चों से विनम्रता पर चर्चा करें, अपने अनुभव साझा करें और उन्हें अभ्यास करने के मौके दें ताकि यह आदत उनके व्यक्तित्व का हिस्सा बन जाए।

आखिरकार, बच्चों को विनम्रता सिखाने का मतलब है — उन्हें यह सिखाना कि आत्मसम्मान और नम्रता दोनों का संतुलन जरूरी है। माता-पिता और शिक्षक अगर खुद विनम्र व्यवहार दिखाएँ, उन्हें प्रोत्साहित करें और लगातार समर्थन दें, तो बच्चे भी विनम्रता और सम्मान से भरा जीवन जी सकेंगे और एक दयालु, जुड़ा हुआ समाज बनाएँगे।

"जीवन के बग़ीचे में कठिनाइयाँ ही वह खाद हैं, जो विकास के बीजों को पोषण देती हैं और सबसे सुंदर फूल खिलाती हैं।"

11

उदारता का महत्व – बच्चों में देने और बाँटने की भावना जगाना

बच्चों में उदारता का विकास करना उनके भावनात्मक और सामाजिक विकास का एक महत्वपूर्ण हिस्सा है। उदारता यानी बिना किसी अपेक्षा के दूसरों को कुछ देना और उनके साथ बाँटना — यह गुण बच्चों में सहानुभूति, आपसी जुड़ाव और समाज में करुणा बढ़ाने में मदद करता है। बच्चों को उदार बनाना मतलब है — उन्हें देने के महत्व को समझाना, खुद उदाहरण बनकर दिखाना, उन्हें उदारता का अभ्यास कराने के मौके देना और सही मार्गदर्शन व समर्थन देना ताकि वे देने और बाँटने की भावना को अपने जीवन में अपना सकें।a

बचपन से ही बच्चे बाँटने और देने की अवधारणा को समझने लगते हैं। माता-पिता और देखभाल करने वाले इसमें अहम भूमिका निभाते हैं। जब बच्चे बड़ों को उदारता दिखाते हुए देखते हैं — जैसे जरूरतमंद की मदद करना, दूसरों के लिए चीजें बाँटना — तो वे भी ऐसा करना सीखते हैं। रोज़मर्रा की छोटी-छोटी चीज़ें जैसे — खिलौने साझा करना, बिना किसी अपेक्षा के मदद करना — बच्चों में उदारता की भावना को मजबूत करती हैं।

बच्चों में उदारता का माहौल बनाना बहुत जरूरी है। इसके लिए बच्चों को व्यवहार की स्पष्ट अपेक्षाएँ बतानी होंगी, अनुशासन सिखाना होगा और उदारता का

अभ्यास करने के अवसर देने होंगे। जैसे — "मुझे अच्छा लगा कि तुमने अपने दोस्त के साथ खिलौना साझा किया।" — ऐसा कहकर बच्चों को यह समझाएँ कि उनका व्यवहार कितना अच्छा था।

बच्चों को दयालुता और देने की आदत डालना भी जरूरी है। इसके लिए बच्चों को खिलौने और कपड़े दान कराना, स्थानीय चैरिटी में मदद करना, या सामुदायिक सेवा कार्यों में शामिल करना — ऐसे अनुभवों से बच्चों को यह समझ आता है कि उनके दान से दूसरों को कितनी मदद मिलती है।

सहानुभूति भी उदारता का हिस्सा है। जब बच्चे दूसरों की भावनाओं और जरूरतों को समझने लगते हैं, तो वे उनके लिए देने और बाँटने के लिए भी तैयार होते हैं। बच्चों को कहानियाँ पढ़ाना, घटनाओं पर चर्चा करना और रोल-प्ले कराना — ये सब उनके अंदर सहानुभूति और उदारता की भावना जगाने में मदद करते हैं।

बच्चों को उदारता दिखाने के लिए सकारात्मक प्रशंसा भी जरूरी है। जैसे — "मुझे बहुत अच्छा लगा कि तुमने अपने दोस्त के होमवर्क में मदद की।" — ऐसा कहकर उनके व्यवहार की सराहना करें ताकि वे बार-बार ऐसा व्यवहार दोहराएँ।

बच्चों को अपनी इच्छाओं को संभालना भी सिखाएँ। उदार बनने के लिए जरूरी है कि वे दूसरों की जरूरतों को अपनी जरूरतों से ऊपर रखें। इसके लिए गहरी साँस लेना, पॉजिटिव बातें सोचना और माइंडफुलनेस जैसी तकनीकें सिखाएँ ताकि वे खुद पर नियंत्रण रख सकें।

बच्चों को उदारता का अभ्यास कराने के मौके देना जरूरी है। जैसे — खिलौने बाँटना, दूसरों की मदद करना, चैरिटी में भाग लेना। इसके अलावा, परिवार में भी ऐसे मौके बनाएँ — जैसे किसी के लिए खाना बनाना, जरूरतमंद की मदद करना — ताकि बच्चे सीखें कि बाँटना और देना क्यों जरूरी है।

बच्चों में ग्रोथ माइंडसेट भी जरूरी है। यानी — चुनौतियों को अवसर की तरह देखना, गलतियों से सीखना और प्रयास करते रहना। इससे बच्चे उदारता और आत्मविश्वास दोनों सीखते हैं।

परिवार और समाज से जुड़ाव भी उदारता सिखाने में मदद करता है। जब बच्चे

खुद को परिवार और समाज से जुड़ा महसूस करते हैं, तो वे दूसरों की मदद करने और समाज के लिए योगदान देने में भी आगे रहते हैं। यह उन्हें समाज में अपने कार्यों का महत्व समझाता है।

बच्चों को खुद के प्रति भी दयालु बनना सिखाएँ। जब बच्चे खुद की कद्र करना सीखते हैं, तो वे दूसरों के प्रति भी उदार बनते हैं। उन्हें आत्म-सम्मान, आत्म-देखभाल और खुद को समझना सिखाएँ ताकि वे मानसिक रूप से मजबूत बन सकें।

उदारता एक आजीवन मूल्य है। इसके लिए माता-पिता और शिक्षकों को बच्चों को लगातार प्रोत्साहित करना, मार्गदर्शन देना और अभ्यास के मौके देना जरूरी है। बच्चों के साथ उदारता पर बातचीत करें, अपने अनुभव साझा करें और उन्हें अभ्यास करने के मौके दें ताकि यह उनके जीवन का हिस्सा बन जाए।

आखिरकार, बच्चों में उदारता का विकास करना मतलब है — उन्हें यह सिखाना कि बिना किसी अपेक्षा के देना और बाँटना क्यों जरूरी है। माता-पिता और शिक्षक अगर खुद उदाहरण बनकर दिखाएँ, समर्थन दें और प्रोत्साहित करें, तो बच्चे भी उदार और करुणामय इंसान बनेंगे और एक दयालु और जुड़ा हुआ समाज बनाएँगे।

"डर के घेरे में ही आज़ादी की चाबी छिपी होती है; क्योंकि जब हम अपने डर का सामना करते हैं, तभी हम अपने असली स्वरूप को पहचान पाते हैं।"

෮

12

आत्म-अनुशासन का विकास – बच्चों को अपनी इच्छाओं पर नियंत्रण सिखाना

बच्चों में आत्म-अनुशासन विकसित करना उनके व्यक्तिगत विकास, शैक्षणिक सफलता और सम्पूर्ण कल्याण के लिए बहुत जरूरी है। आत्म-अनुशासन यानी अपनी इच्छाओं पर नियंत्रण रखना और तुरंत संतुष्टि को टालना — यह बच्चों को सोच-समझकर फैसले लेने, लक्ष्य तय करने और हासिल करने, और मुश्किलों से निपटने में मदद करता है। बच्चों में आत्म-अनुशासन सिखाने के लिए उन्हें एक सहायक वातावरण देना, खुद अनुशासित व्यवहार दिखाना, व्यवहारिक रणनीतियाँ सिखाना और लगातार मार्गदर्शन व प्रोत्साहन देना आवश्यक है।

बचपन से ही बच्चे ऐसी परिस्थितियों का सामना करते हैं, जहाँ उन्हें आत्म-अनुशासन दिखाना होता है — जैसे अपनी बारी का इंतजार करना, खाने से पहले मिठाई का लालच न करना या खेलने के बजाय होमवर्क पर ध्यान देना। माता-पिता और देखभाल करने वाले बच्चों को आत्म-अनुशासन सिखाने में अहम भूमिका निभाते हैं। इसके लिए बच्चों से स्पष्ट अपेक्षाएँ रखें, अनुशासन बनाए रखें और उन्हें मार्गदर्शन व समर्थन दें।

बड़ों का अनुशासित व्यवहार बच्चों के लिए सबसे अच्छा उदाहरण होता है। बच्चे अपने बड़ों के काम और व्यवहार को देखकर सीखते हैं। जब माता-पिता और शिक्षक अपनी दिनचर्या का पालन करते हैं, जिम्मेदारियों को पूरा करते हैं और समय का प्रबंधन अच्छे से करते हैं, तो बच्चे भी वैसा ही व्यवहार करना सीखते हैं।

ऐसा माहौल बनाना भी जरूरी है जिसमें आत्म-अनुशासन को प्रोत्साहन मिले। इसके लिए बच्चों को स्पष्ट नियम बताना, अनुशासन सिखाना और आत्म-नियंत्रण का अभ्यास करने के मौके देना जरूरी है। जैसे — "मुझे अच्छा लगा कि तुमने अपनी बारी का शांतिपूर्वक इंतजार किया।" — ऐसा कहकर बच्चों को उनके व्यवहार का महत्व समझाएँ।

बच्चों को तुरंत संतुष्टि टालने की कला भी सिखाएँ। यानी — छोटी-छोटी चीज़ों का तुरंत आनंद लेने के बजाय किसी बड़े लक्ष्य के लिए इंतजार करना। जैसे — मनपसंद खिलौने के लिए पैसे बचाना, खास मिठाई के लिए इंतजार करना या किसी बड़े लक्ष्य पर काम करना। इससे बच्चे आत्म-नियंत्रण और लक्ष्य की ओर बढ़ने की आदत सीखते हैं।

बच्चों को आत्म-अनुशासन का अभ्यास कराने के मौके दें। जैसे — खेल में नियमों का पालन करना, काम पूरा करने के बाद ही खेलने जाना, या दिनचर्या का पालन करना। इससे बच्चे अपनी इच्छाओं को नियंत्रित करना सीखते हैं।

ग्रोथ माइंडसेट भी आत्म-अनुशासन को बढ़ावा देता है। यानी — अपनी गलतियों से सीखना और लगातार कोशिश करना। जब बच्चे चुनौतियों को अवसर की तरह देखते हैं, तो उनमें आत्म-अनुशासन और आत्म-विश्वास दोनों विकसित होते हैं।

बच्चों को अपनी भावनाओं को संभालना भी सिखाएँ। गहरी साँस लेना, पॉजिटिव बातें सोचना और माइंडफुलनेस जैसी तकनीकें उन्हें शांत और संतुलित रहने में मदद करती हैं। बच्चों को अपनी भावनाओं पर चर्चा करने के लिए प्रोत्साहित करें ताकि वे समझ सकें कि उनकी भावनाओं का महत्व है और वे खुद पर नियंत्रण रख सकते हैं।

आत्म-अनुशासन के लिए सकारात्मक प्रशंसा भी बहुत जरूरी है। जैसे — "मुझे

अच्छा लगा कि तुमने होमवर्क पर ध्यान दिया।" — ऐसा कहकर बच्चों को उनके अच्छे व्यवहार का महत्व समझाएँ।

समस्या सुलझाने की कला भी आत्म-अनुशासन सिखाने में मदद करती है। बच्चों को समस्याओं को पहचानना, समाधान सोचना और अमल करना सिखाएँ ताकि वे आत्म-विश्वासी बन सकें और जिम्मेदार फैसले ले सकें।

परिवार और समाज से जुड़ाव भी आत्म-अनुशासन बढ़ाता है। जब बच्चे परिवार और दोस्तों से जुड़े रहते हैं, तो वे जिम्मेदार और अनुशासित बनते हैं। समाज के प्रति जिम्मेदारी निभाना भी बच्चों में आत्म-अनुशासन को मजबूत करता है।

बच्चों को अपने प्रति दयालु बनना भी सिखाएँ। जब बच्चे खुद से प्यार करते हैं, अपनी खूबियों को समझते हैं और अपनी देखभाल करते हैं, तो वे मजबूत और आत्म-अनुशासित बनते हैं।

आत्म-अनुशासन एक आजीवन मूल्य है। इसके लिए माता-पिता और शिक्षकों को लगातार सहयोग और प्रोत्साहन देना जरूरी है। बच्चों से आत्म-अनुशासन पर चर्चा करें, अपने अनुभव साझा करें और उन्हें अभ्यास करने के मौके दें ताकि यह उनके व्यक्तित्व का हिस्सा बन जाए।

आखिरकार, बच्चों में आत्म-अनुशासन सिखाने का मतलब है — उन्हें यह सिखाना कि अपनी इच्छाओं को कैसे नियंत्रित करें और सोच-समझकर फैसले लें। माता-पिता और शिक्षक अगर खुद उदाहरण बनकर दिखाएँ, समर्थन दें और प्रोत्साहित करें, तो बच्चे भी जिम्मेदार और अनुशासित इंसान बनेंगे और एक मजबूत और विश्वसनीय समाज बनाएँगे।

"अनिश्चितता के रास्ते पर चलकर हम संभावना के कच्चे पत्थर से अपनी तकदीर को तराशते हैं, संदेह को हटाकर भीतर के नायाब कलाकृति को प्रकट करते हैं।"

13

दृढ़ता का महत्व – बच्चों में निरंतरता और संकल्प की भावना जगाना

दृढ़ता (Perseverance) एक महत्वपूर्ण गुण है, जो बच्चों को कठिनाइयों और बाधाओं के बावजूद अपने लक्ष्यों को पाने में मदद करता है। बच्चों में दृढ़ता का महत्व समझाना उनके व्यक्तिगत विकास, पढ़ाई में सफलता और मानसिक मजबूती के लिए आवश्यक है। दृढ़ता का मतलब है — बार-बार प्रयास करना, संकल्प रखना और चुनौतियों के सामने हार न मानना। यह बच्चों में कड़ी मेहनत की आदत डालता है, उनकी समस्या सुलझाने की क्षमता बढ़ाता है और सकारात्मक सोच विकसित करता है।

बचपन से ही बच्चे ऐसी स्थितियों का सामना करते हैं, जहाँ उन्हें कठिनाइयों में भी प्रयास करना पड़ता है — जैसे जूते के फीते बाँधना, मुश्किल पज़ल हल करना या कोई नया हुनर सीखना। माता-पिता और देखभाल करने वाले बच्चों को दृढ़ता सिखाने में अहम भूमिका निभाते हैं। इसके लिए उन्हें ऐसा माहौल देना चाहिए, जिसमें लगातार प्रयासों को प्रोत्साहन मिले, सकारात्मक व्यवहार की सराहना हो और बड़े खुद भी दृढ़ता दिखाएँ। जब बच्चे बड़ों को लगातार कोशिश करते हुए देखते हैं — जैसे कठिन काम करना, लंबे समय के लक्ष्य पर ध्यान देना और

आसानी से हार न मानना — तो वे भी वैसा ही करना सीखते हैं।

दृढ़ता सिखाने के लिए ऐसा माहौल बनाना जरूरी है जिसमें बच्चों को यह समझाया जाए कि यह एक महत्वपूर्ण गुण है। इसके लिए स्पष्ट नियम बनाना, अनुशासन रखना और अभ्यास के मौके देना जरूरी है। जैसे — "मुझे अच्छा लगा कि तुमने कठिन कार्य में भी हार नहीं मानी।" — ऐसा कहकर बच्चों को उनके प्रयासों का महत्व समझाएँ।

बच्चों को लक्ष्य तय करना और उसे पाने की दिशा में मेहनत करना भी दृढ़ता का एक अहम हिस्सा है। इससे बच्चे समझते हैं कि सफलता के लिए निरंतर प्रयास और संकल्प जरूरी है। इसके लिए विज़न बोर्ड बनाना, छोटे-बड़े लक्ष्य तय करना और काम को छोटे हिस्सों में बाँटना — ये सब मदद करते हैं। माता-पिता और देखभाल करने वाले बच्चों के छोटे-छोटे प्रयासों की तारीफ कर उन्हें और भी प्रेरित कर सकते हैं।

बच्चों को दृढ़ता का अभ्यास कराने के मौके देना भी जरूरी है। जैसे — खेल, संगीत, कठिन प्रोजेक्ट्स और पढ़ाई में उन्हें लगे रहने देना। इसके अलावा, घर के कामों, समूह प्रोजेक्ट्स और पारिवारिक गतिविधियों में उन्हें शामिल करना भी बहुत उपयोगी है।

बच्चों में ग्रोथ माइंडसेट यानी — 'मैं सीख सकता हूँ, मैं कर सकता हूँ' — विकसित करना भी दृढ़ता सिखाने के लिए जरूरी है। जब बच्चे चुनौतियों को अवसर मानते हैं, तो वे गलतियों से सीखते हैं और बार-बार प्रयास करते हैं।

भावनाओं को संभालना भी दृढ़ता का एक अहम हिस्सा है। बच्चों को सिखाएँ कि मुश्किल में भी शांत और धैर्यवान कैसे रहें। इसके लिए गहरी साँस लेना, पॉजिटिव बातें सोचना और माइंडफुलनेस तकनीकें सिखाएँ। उन्हें अपनी भावनाओं को व्यक्त करने का मौका दें ताकि वे समर्थ और समझदार बनें।

दृढ़ता के लिए सकारात्मक प्रशंसा भी जरूरी है। जैसे — "मुझे अच्छा लगा कि तुमने प्रोजेक्ट पूरा करने के लिए लगातार मेहनत की।" — ऐसा कहकर उन्हें प्रेरित करें। परिवार और समाज में भी उनके प्रयासों की सराहना करें ताकि दृढ़ता का

माहौल बने।

समस्या सुलझाने की कला भी दृढ़ता सिखाने में मदद करती है। बच्चों को समस्या पहचानने, समाधान सोचने और अमल करने की आदत डालें ताकि वे आत्म-विश्वासी बन सकें।

परिवार और समाज से जुड़ाव भी दृढ़ता को प्रोत्साहन देता है। जब बच्चे परिवार, दोस्तों और समाज से जुड़े रहते हैं, तो वे मुश्किलों में भी हिम्मत नहीं हारते। दूसरों की मदद करना और समाज के प्रति जिम्मेदारी निभाना भी दृढ़ता को बढ़ावा देता है।

बच्चों को अपने प्रति भी दयालु बनना सिखाएँ। जब बच्चे खुद से प्यार करते हैं और अपनी खूबियों को समझते हैं, तो वे मुश्किलों में भी मजबूत बने रहते हैं।

दृढ़ता एक आजीवन गुण है। इसके लिए माता-पिता और शिक्षकों को बच्चों को लगातार प्रोत्साहन, मार्गदर्शन और अभ्यास का मौका देना चाहिए।

आखिरकार, बच्चों को दृढ़ता सिखाने का मतलब है — उन्हें यह समझाना कि सफलता के लिए निरंतर प्रयास और संकल्प जरूरी हैं। माता-पिता और शिक्षक अगर खुद उदाहरण बनकर दिखाएँ, उन्हें प्रोत्साहित करें और लगातार समर्थन दें, तो बच्चे भी एक मजबूत, संकल्पशील और सफल इंसान बनेंगे।

"भीतर उठते तूफ़ानों को गले लगाओ, क्योंकि इन्हीं की गर्जना में बदलाव के बीज बोए जाते हैं, और पुराने के मलवे से एक नया आरंभ जन्म लेता है।"

14

आशावाद का महत्व – बच्चों में सकारात्मक सोच को प्रोत्साहित करना

बच्चों में आशावाद को प्रोत्साहित करना उनके भावनात्मक और मानसिक विकास के लिए बहुत जरूरी है। आशावाद यानी हर परिस्थिति में अच्छे परिणाम की उम्मीद रखना और सकारात्मक दृष्टिकोण बनाए रखना — यह बच्चों को चुनौतियों का सामना करने, मानसिक मजबूती पाने और सफलता हासिल करने में मदद करता है। बच्चों में सकारात्मक दृष्टिकोण विकसित करने के लिए एक सहायक वातावरण बनाना, स्वयं सकारात्मक व्यवहार दिखाना, व्यावहारिक रणनीतियाँ सिखाना और लगातार प्रोत्साहन देना जरूरी है।

बच्चे बचपन से ही दुनिया को देखने का नजरिया बनाते हैं। माता-पिता और देखभाल करने वाले इसमें अहम भूमिका निभाते हैं। जब बच्चे बड़ों को मुश्किलों में भी आशावादी बने रहते देखते हैं — जैसे समस्याओं के बजाय समाधान पर ध्यान देना, अच्छी चीजों के लिए आभार प्रकट करना — तो वे भी ऐसा करना सीखते हैं। इससे बच्चे समझते हैं कि जीवन में सकारात्मक नजरिया रखना कितना जरूरी है।

आशावाद को प्रोत्साहित करने के लिए ऐसा वातावरण बनाना जरूरी है जिसमें बच्चे यह महसूस करें कि सकारात्मकता को महत्व दिया जाता है। इसके लिए व्यवहार की स्पष्ट अपेक्षाएँ तय करें, अनुशासन बनाएँ और सकारात्मक सोच के अभ्यास के मौके दें। जैसे — "मुझे अच्छा लगा कि तुमने मुश्किल हालात में भी समाधान खोजने की कोशिश की।" — ऐसा कहकर बच्चों को उनके प्रयास का महत्व समझाएँ।

बच्चों को अपनी जिंदगी की अच्छी चीजों पर ध्यान देना सिखाना भी जरूरी है। इसके लिए बच्चों को एक 'आभार डायरी' लिखने को कह सकते हैं जिसमें वे हर दिन अच्छी बातें लिखें। या फिर 'पॉजिटिव जार' में अच्छी घटनाओं के नोट डालने को कह सकते हैं। इससे उनका ध्यान अच्छी बातों पर रहेगा। इसके अलावा, बच्चों को दूसरों की तारीफ करने, अच्छी खबरें साझा करने और दयालुता दिखाने के लिए भी प्रेरित करें।

मुश्किल परिस्थितियों को नए नजरिए से देखना भी आशावाद सिखाने में मदद करता है। जैसे — "इससे मैंने क्या सीखा?" या "मैं इसे कैसे बेहतर बना सकता हूँ?" — ऐसे सवालों से बच्चे सीखते हैं कि हर स्थिति में कुछ न कुछ अच्छा जरूर होता है। इससे वे मुश्किलों को भी सकारात्मक ढंग से देख पाते हैं।

बच्चों के अच्छे व्यवहार की प्रशंसा करना भी जरूरी है। जैसे — "मुझे अच्छा लगा कि तुमने मुश्किल स्थिति में भी अच्छा पक्ष देखा।" — ऐसा कहकर उनके प्रयासों की सराहना करें और उन्हें सकारात्मक सोच के लिए प्रेरित करें।

भावनाओं को संभालना भी जरूरी है। बच्चों को गहरी साँस लेना, पॉजिटिव बातें सोचना और माइंडफुलनेस तकनीकें सिखाएँ ताकि वे मुश्किलों में भी शांत और सकारात्मक बने रहें। उनसे बात करें और सहयोग दें ताकि वे खुद को समझ सकें और मजबूत महसूस कर सकें।

बच्चों को आशावाद का अभ्यास कराने के मौके दें। जैसे — छोटे-बड़े लक्ष्य तय करना, सकारात्मक बातें दोहराना, विज़ुअलाइजेशन तकनीकें सीखना। साथ ही परिवार में भी पॉजिटिव बातें साझा करें — जैसे डिनर पर दिन की अच्छी बात बताना — ताकि वे सकारात्मक सोच को अपने जीवन में शामिल कर सकें।

बच्चों में ग्रोथ माइंडसेट भी विकसित करें। यानी — यह विश्वास कि कोशिश और मेहनत से सब कुछ सीखा और सुधारा जा सकता है। चुनौतियों को अवसर मानना, गलतियों से सीखना — ये सब बच्चों को सकारात्मक बनाते हैं।

समाज और परिवार से जुड़ाव भी जरूरी है। जब बच्चे परिवार और दोस्तों से जुड़े रहते हैं, तो वे ज्यादा सकारात्मक रहते हैं। दूसरों की मदद करने, समाज के लिए योगदान देने से भी आशावाद बढ़ता है।

बच्चों को अपने प्रति दयालु बनना भी सिखाएँ। जब बच्चे खुद से प्यार करते हैं, अपनी खूबियों को पहचानते हैं और खुद की देखभाल करते हैं, तो वे मानसिक रूप से भी मजबूत और सकारात्मक बने रहते हैं।

आशावाद एक आजीवन गुण है। इसके लिए माता-पिता और शिक्षकों को बच्चों को लगातार प्रोत्साहित करना, सकारात्मक अनुभव साझा करना और अभ्यास के मौके देना जरूरी है।

आखिरकार, बच्चों में आशावाद सिखाने का मतलब है — उन्हें यह सिखाना कि हर स्थिति में उम्मीद बनाए रखनी है। माता-पिता और शिक्षक अगर खुद सकारात्मक व्यवहार दिखाएँ, प्रोत्साहन दें और समर्थन करें, तो बच्चे भी आत्मविश्वासी और सकारात्मक इंसान बनेंगे और समाज में खुशियाँ और उम्मीद फैलाएँगे।

"जंगल में दिशाहीन भटकन में भी अंतर्मन की आवाज़ हमारी राह दिखाती है;
संदेहों की शोर में भी सत्य हमें फुसफुसा कर सही रास्ता बताता है।"

15

सेवा का आनंद – बच्चों को दूसरों की मदद करने के लिए प्रेरित करना

बच्चों को दूसरों की मदद करने के काम में शामिल करना उनके व्यक्तिगत विकास, सहानुभूति और सेवा-भावना को मजबूत करने का एक शानदार तरीका है। सेवा का आनंद दूसरों की ज़िंदगी में सकारात्मक बदलाव लाकर मिलने वाली संतुष्टि और खुशी में छिपा होता है। बच्चों को सेवा का महत्व सिखाने के लिए उन्हें दयालुता के कार्यों में भाग लेने के अवसर देना, निःस्वार्थ व्यवहार का उदाहरण दिखाना और लगातार मार्गदर्शन व प्रोत्साहन देना जरूरी है। बच्चों में सेवा-भावना विकसित करके हम उनमें समुदाय, करुणा और जिम्मेदारी की गहरी समझ पैदा कर सकते हैं।

बचपन से ही बच्चों को दूसरों की मदद के विचार से परिचित कराया जा सकता है। माता-पिता और देखभाल करने वाले बच्चों में सेवा की भावना विकसित करने में अहम भूमिका निभाते हैं। जब बच्चे अपने बड़ों को दूसरों की मदद करते देखते हैं — जैसे पड़ोसी की मदद करना, सामुदायिक सेवा करना, ज़रूरतमंदों को सहयोग देना — तो वे भी ऐसे व्यवहार को अपनाते हैं। जब बच्चे सेवा के कार्यों को देखते हैं, तो वे समझते हैं कि दूसरों की मदद करना कितना महत्वपूर्ण और सुखद होता

है।

बच्चों के बीच सेवा को प्रोत्साहित करने के लिए ऐसा वातावरण बनाना जरूरी है जिसमें यह मूल्यवान माना जाए। इसके लिए स्पष्ट नियम बनाएं, अनुशासन रखें और सेवा कार्यों में भाग लेने के अवसर दें। जैसे — "मुझे अच्छा लगा कि तुमने पार्क की सफाई में मदद की" — ऐसा कहकर बच्चों को उनके प्रयासों का महत्व समझाएँ।

बच्चों को सेवा-कार्य में शामिल करना भी जरूरी है। जैसे — स्थानीय संस्थाओं में स्वयंसेवा करना, सामुदायिक सफाई में भाग लेना, दान एकत्र करना। ऐसे कार्यों से बच्चे दूसरों के जीवन में अपने योगदान का महत्व समझते हैं और जिम्मेदारी और करुणा की भावना विकसित होती है।

बच्चों में सहानुभूति विकसित करना भी जरूरी है। सहानुभूति यानी दूसरों की भावनाओं को समझना और उन्हें महसूस करना। यह बच्चों को दूसरों की जरूरतों को समझने और उनकी मदद करने के लिए प्रेरित करता है। इसके लिए बच्चों को कहानियाँ पढ़ाना, असली घटनाओं पर चर्चा करना और रोल-प्ले कराना उपयोगी हो सकता है।

सेवा-कार्य के लिए सकारात्मक प्रशंसा भी जरूरी है। जैसे — "मुझे अच्छा लगा कि तुमने शेल्टर में मदद के लिए स्वयंसेवा किया।" — ऐसा कहकर बच्चों को उनके व्यवहार की सराहना करें और सेवा को महत्व दें। घर और समाज में भी सेवा-कार्य को मान्यता दें ताकि एक सकारात्मक माहौल बने।

बच्चों को अपनी इच्छाओं पर नियंत्रण रखना भी सिखाएँ ताकि वे बिना किसी अपेक्षा के सेवा कर सकें। इसके लिए गहरी साँस लेना, पॉजिटिव बातें सोचना और माइंडफुलनेस तकनीकें सिखाएँ। बच्चों को यह भी समझाएँ कि दूसरों की मदद करना हमें अंदर से कितना मजबूत बनाता है।

सेवा का अभ्यास कराने के मौके देना भी जरूरी है। जैसे — खिलौने शेयर करना, ज़रूरतमंदों की मदद करना, दान कार्यों में भाग लेना। घर के कामों में भी सेवा की भावना लाएँ — जैसे पड़ोसी की मदद, दान करना, समाज सेवा करना।

ग्रोथ माइंडसेट यानी — "मैं सीख सकता हूँ, मैं बेहतर कर सकता हूँ" — भी सेवा भावना बढ़ाने में मदद करता है। चुनौतियों को अवसर मानना, गलतियों से सीखना और लगातार प्रयास करना — ये सब बच्चों को सेवा की दिशा में प्रेरित करते हैं।

समाज और परिवार से जुड़ाव भी जरूरी है। जब बच्चे परिवार और समाज से जुड़े रहते हैं, तो उनमें दूसरों की मदद करने की भावना स्वाभाविक रूप से आती है। इससे बच्चों में दूसरों की भलाई के लिए योगदान देने का जज़्बा बढ़ता है।

बच्चों को अपने प्रति दयालु बनना भी सिखाएँ। जब बच्चे खुद से प्यार करते हैं, अपनी खूबियों को पहचानते हैं और अपनी देखभाल करते हैं, तो वे दूसरों की मदद करने के लिए और भी सक्षम बनते हैं।

सेवा एक आजीवन मूल्य है। इसके लिए माता-पिता और शिक्षकों को बच्चों को लगातार प्रोत्साहित करना, अपने अनुभव साझा करना और अभ्यास के मौके देना चाहिए।

आखिरकार, बच्चों को दूसरों की मदद करने में शामिल करना यानी उन्हें यह सिखाना कि उनकी मदद से किसी की ज़िंदगी में खुशियाँ और बदलाव आ सकता है। माता-पिता और शिक्षक अगर खुद निःस्वार्थ व्यवहार दिखाएँ, एक सहायक वातावरण बनाएँ और प्रोत्साहन दें, तो बच्चे भी सेवा-भावना वाले और दयालु इंसान बनेंगे। ऐसे बच्चे अपने रोज़मर्रा के व्यवहार में सेवा का आनंद पाएँगे और यह मूल्य उनके जीवन में हमेशा बना रहेगा। दूसरों की मदद करने से न सिर्फ़ मदद पाने वालों की ज़िंदगी संवरती है, बल्कि मदद करने वालों की ज़िंदगी भी और समृद्ध हो जाती है। इससे एक ऐसा चक्र बनता है जिसमें सबका भला होता है।

"एकांत की खामोशी में ध्यान से सुनो; क्योंकि आत्मा की फुसफुसाहट में ही ब्रह्मांड के सबसे गहरे रहस्य छिपे होते हैं।"

16

न्यायप्रियता का विकास – समानता और न्याय की समझ

बच्चों में न्यायप्रियता की भावना विकसित करना बहुत जरूरी है ताकि वे सहानुभूतिपूर्ण, नैतिक और समाज के प्रति जिम्मेदार बन सकें। न्यायप्रियता यानी हर किसी के साथ सम्मान और गरिमा से पेश आना और सभी को बराबरी का अधिकार देना — बच्चों को यह सिखाता है कि दूसरों के साथ समान और न्यायपूर्ण व्यवहार कैसे करना चाहिए। न्यायप्रियता सिखाने के लिए ऐसा वातावरण बनाना जरूरी है जहां यह मूल्य हमेशा दिखाया जाए, बच्चों को न्यायपूर्ण व्यवहार के अभ्यास के अवसर मिलें और उन्हें लगातार मार्गदर्शन और प्रोत्साहन मिले ताकि वे समानता और न्याय का महत्व समझ सकें।

बच्चे बचपन से ही अपने भाई-बहनों, दोस्तों और बड़ों के साथ बातचीत के दौरान न्यायप्रियता का अनुभव करना शुरू कर देते हैं। माता-पिता और देखभाल करने वाले इस भावना को मजबूत करने में अहम भूमिका निभाते हैं। जब बच्चे अपने बड़ों को न्यायपूर्ण व्यवहार करते देखते हैं — जैसे समान रूप से खिलौने बांटना, अपनी बारी का इंतजार करना और दूसरों के विचारों को सुनना — तो वे भी वैसा ही करना सीखते हैं। जब बच्चे देख पाते हैं कि उनके माता-पिता सभी के साथ न्याय करते हैं, तो वे भी समानता और न्याय के महत्व को समझ पाते हैं।

न्यायप्रियता को प्रोत्साहित करने वाला वातावरण बनाना जरूरी है। इसके लिए स्पष्ट अपेक्षाएँ तय करें, अनुशासन बनाएँ और अभ्यास के मौके दें। जैसे — "मुझे अच्छा लगा कि तुमने अपने खिलौने अपने दोस्तों के साथ साझा किए।" — ऐसा कहकर बच्चों को उनके प्रयास का महत्व समझाएँ।

बच्चों को दूसरों के नजरिए से सोचना सिखाना भी न्यायप्रियता का जरूरी हिस्सा है। इसके लिए रोल-प्ले, विविध कहानियाँ पढ़ना और असली घटनाओं पर चर्चा करना उपयोगी हो सकता है। बच्चों से यह पूछें — "अगर मैं उसकी जगह होता तो मुझे कैसा लगता?" या "मैं इस स्थिति को सभी के लिए न्यायपूर्ण कैसे बना सकता हूँ?" — इससे वे दूसरों के दृष्टिकोण को समझेंगे और न्यायपूर्ण निर्णय ले सकेंगे।

संघर्षों को सुलझाना भी न्यायप्रियता सिखाने में जरूरी है। संघर्ष जीवन का हिस्सा हैं और बच्चों को सिखाना जरूरी है कि वे दूसरों की भावनाओं को समझें, अपनी बात शांति से रखें और एक-दूसरे के विचारों का सम्मान करें। जब बच्चे सीखते हैं कि कैसे निष्पक्ष ढंग से समस्याओं को हल करना है, तो वे आजीवन न्यायपूर्ण व्यवहार करने में सक्षम बनते हैं।

न्यायप्रियता के लिए सकारात्मक प्रशंसा भी जरूरी है। जैसे — "मुझे अच्छा लगा कि तुमने सबको खेल में शामिल किया।" — ऐसा कहकर बच्चों को उनके व्यवहार का महत्व समझाएँ और प्रोत्साहित करें। घर और समाज में भी न्यायप्रिय व्यवहार को सम्मान दें ताकि यह आदत बन सके।

भावनाओं को संभालना भी जरूरी है। न्यायप्रियता तभी आएगी जब बच्चे गुस्से या निराशा में भी संयमित रह सकें। इसके लिए बच्चों को गहरी साँस लेना, पॉजिटिव बातें सोचना और माइंडफुलनेस तकनीकें सिखाएँ ताकि वे शांत और समझदार बने रहें।

न्यायप्रियता का अभ्यास कराने के मौके देना भी जरूरी है। जैसे — समूह में खेल खेलना, जिम्मेदारियों को बांटना, और सभी की राय लेना — इससे बच्चे सबके साथ न्यायपूर्ण व्यवहार करना सीखते हैं। घर में भी समानता और न्याय को बढ़ावा दें — जैसे कामों को सबमें बांटना, मिलकर फैसले लेना।

ग्रोथ माइंडसेट यानी — "मैं सीख सकता हूँ, मैं सुधार कर सकता हूँ" — भी न्यायप्रियता बढ़ाने में मदद करता है। चुनौतियों को अवसर मानना, गलतियों से सीखना और हर हाल में कोशिश करते रहना — ये सभी बच्चों को सकारात्मक दृष्टिकोण और न्यायप्रिय व्यवहार सिखाते हैं।

समाज और परिवार से जुड़ाव भी जरूरी है। जब बच्चे परिवार और समाज से जुड़े रहते हैं, तो वे दूसरों के साथ न्यायपूर्ण व्यवहार करना सीखते हैं। इससे उनमें दूसरों की भलाई के लिए काम करने का जज़्बा बढ़ता है।

बच्चों को अपने प्रति दयालु बनना भी सिखाएँ। जब बच्चे खुद को समझते हैं और अपनी देखभाल करते हैं, तो वे दूसरों के लिए भी न्यायपूर्ण और दयालु बनते हैं। इससे उनमें आत्मविश्वास और सहानुभूति भी बढ़ती है।

न्यायप्रियता एक आजीवन मूल्य है। इसके लिए माता-पिता और शिक्षकों को बच्चों को लगातार प्रोत्साहित करना, अपने अनुभव साझा करना और अभ्यास के मौके देना चाहिए।

आखिरकार, बच्चों में न्यायप्रियता विकसित करने का मतलब है — उन्हें यह सिखाना कि हर किसी के साथ सम्मान और बराबरी से पेश आना चाहिए। माता-पिता और शिक्षक अगर खुद निष्पक्ष व्यवहार दिखाएँ, एक सहायक वातावरण बनाएँ और प्रोत्साहन दें, तो बच्चे भी न्यायप्रिय और सहानुभूतिपूर्ण इंसान बनेंगे। इससे समाज में बराबरी और न्याय की भावना मजबूत होगी और सभी को इसका फायदा मिलेगा।

"जो साहस करता है, वही तकदीर लिखता है; जो जोखिम उठाता है, वही मंज़िल पाता है।"

17

क्षमा का महत्व – बच्चों को ग़ुस्सा छोड़ना सिखाना

बच्चों को क्षमा का महत्व सिखाना उनके भावनात्मक विकास, सामाजिक व्यवहार और जीवन में ख़ुशी के लिए बहुत ज़रूरी है। क्षमा यानी ग़ुस्सा और नाराज़गी को छोड़कर आगे बढ़ना, न केवल दूसरों के साथ रिश्तों को मजबूत करता है, बल्कि खुद के मन को भी शांत और हल्का करता है। बच्चों में क्षमा का गुण विकसित करने के लिए ऐसा माहौल बनाना चाहिए जहाँ सहानुभूति, समझ और क्षमा को प्रोत्साहन मिले। इसके लिए बड़ों को खुद क्षमा भाव दिखाना, बच्चों को क्षमा के अभ्यास के अवसर देना और उनका लगातार मार्गदर्शन और सहयोग करना चाहिए।

बच्चे बचपन से ही ऐसी परिस्थितियों का सामना करते हैं जहाँ क्षमा की ज़रूरत होती है — जैसे किसी भाई-बहन ने उनका खिलौना छीन लिया, किसी दोस्त ने उन्हें बुरा बोल दिया या किसी साथी ने खेल में साथ नहीं दिया। माता-पिता और देखभाल करने वाले बच्चों को क्षमा का महत्व सिखाने में महत्वपूर्ण भूमिका निभाते हैं। जब बच्चे अपने बड़ों को क्षमा भाव दिखाते हुए देखते हैं — जैसे माफी मांगना, दूसरों को माफ़ करना और ग़लतियों को भुलाकर आगे बढ़ना — तो वे भी वैसा ही करना सीखते हैं।

ऐसा माहौल बनाना ज़रूरी है जहाँ क्षमा को सम्मान और महत्व मिले। इसके लिए व्यवहार के स्पष्ट नियम बनाएँ, अनुशासन में निरंतरता रखें और बच्चों को क्षमा के अभ्यास के मौके दें। जैसे — "मुझे अच्छा लगा कि तुमने अपने दोस्त को उसकी ग़लती के लिए माफ़ कर दिया।" — ऐसा कहकर बच्चों को उनके व्यवहार का महत्व समझाएँ और उन्हें क्षमा भाव अपनाने के लिए प्रेरित करें।

बच्चों में सहानुभूति का विकास करना भी क्षमा सिखाने का अहम हिस्सा है। जब बच्चे दूसरों की भावनाओं को समझना और महसूस करना सीखते हैं, तो उन्हें क्षमा करना भी आसान हो जाता है। इसके लिए उन्हें कहानियाँ सुनाना, जीवन की घटनाओं पर चर्चा करना और रोल-प्ले जैसे अभ्यास कराना फायदेमंद होता है। यह उन्हें दूसरों के दृष्टिकोण से सोचने और ग़लतियों को समझकर माफ़ करने में मदद करता है।

भावनाओं को संभालना भी बहुत जरूरी है। क्षमा करने के लिए बच्चों को अपने गुस्से और नाराज़गी को काबू में रखना आना चाहिए। इसके लिए उन्हें गहरी साँस लेना, सकारात्मक बातें सोचना और माइंडफुलनेस सिखाना चाहिए। जब बच्चे अपनी भावनाओं को समझ पाते हैं, तो वे आसानी से क्षमा भाव दिखा सकते हैं।

बच्चों को क्षमा का अभ्यास कराने के अवसर देना भी जरूरी है। जैसे — माफी माँगना, दूसरों को माफ़ करना, और झगड़ों को बातचीत से हल करना। घर में भी सभी के बीच संवाद बढ़ाएँ ताकि बच्चे समझ सकें कि ग़लतियों को माफ़ करना रिश्तों को मजबूत करता है।

ग्रोथ माइंडसेट यानी — "मैं अपनी कोशिशों से बेहतर बन सकता हूँ" — भी क्षमा सिखाने में मदद करता है। जब बच्चे ग़लतियों और संघर्षों को सीखने का अवसर मानते हैं, तो वे माफ़ करना भी आसान समझ पाते हैं। ऐसा करने से वे खुद को और दूसरों को सुधारने का अवसर देने लगते हैं।

समाज और परिवार से जुड़ाव भी क्षमा की भावना बढ़ाता है। जब बच्चे अपने परिवार, दोस्तों और समाज से जुड़े रहते हैं, तो वे दूसरों की ग़लतियों को माफ़ करना और रिश्तों को बेहतर बनाना सीखते हैं।

खुद के प्रति दयालु होना भी जरूरी है। जब बच्चे खुद को समझते हैं और अपनी देखभाल करते हैं, तो वे अपने गुस्से को छोड़कर दूसरों को माफ़ करने की शक्ति भी पाते हैं। इससे उनमें आत्म-सम्मान और भावनात्मक मज़बूती आती है।

क्षमा एक जीवनभर सीखने वाला गुण है। इसलिए माता-पिता और शिक्षकों को बच्चों को लगातार प्रोत्साहित करना, अपने अनुभव साझा करना और क्षमा के अवसर देना चाहिए ताकि वे इसे अपनी आदत में शामिल कर सकें।

अंत में, बच्चों में क्षमा का महत्व सिखाने का मतलब है — उन्हें यह समझाना कि ग़लतियों को माफ़ करना और आगे बढ़ना कितना जरूरी है। जब माता-पिता और शिक्षक खुद क्षमा भाव दिखाएँ, बच्चों को प्रोत्साहन दें, और सही माहौल बनाएँ, तो बच्चे भी क्षमा को अपनाकर अपने और दूसरों के जीवन को खुशहाल बना सकते हैं। इससे समाज में शांति और समझदारी बढ़ती है और सबका भला होता है।

"अंधेरे में भी उम्मीद की लौ जलती है, जो हर मुश्किल को रोशनी में बदल सकती है।"

18

सहयोग का विकास – टीमवर्क और मिलकर काम करने की कला

बच्चों को अच्छा इंसान बनाने की यात्रा में सहयोग सिखाना एक महत्वपूर्ण पहलू है। सहयोग ही अच्छे रिश्तों, टीमवर्क और सामाजिक प्रगति की नींव है। इसमें एक-दूसरे की ताकत को पहचानकर साथ काम करना और मिलकर लक्ष्य हासिल करना शामिल है। जब हम बचपन से बच्चों में सहयोग की भावना विकसित करते हैं, तो वे समाज में बेहतर तरीके से घुल-मिलकर रहना और सकारात्मक योगदान देना सीखते हैं।

सहयोग सिखाने के लिए बच्चों में कुछ जरूरी सामाजिक और भावनात्मक कौशल विकसित करना बहुत ज़रूरी है, जैसे — सहानुभूति, संवाद कौशल, संघर्ष समाधान और समझौता करना।

सहानुभूति, यानी दूसरों की भावनाओं को समझना और महसूस करना, सहयोग का पहला कदम है। जब बच्चे अपने दोस्तों के विचार और भावनाओं को समझने लगते हैं, तो वे उनके साथ अच्छे से मिलकर काम करने लगते हैं।

संवाद कौशल भी सहयोग के लिए बहुत महत्वपूर्ण है। जब बच्चे साफ़ और सम्मानपूर्वक बातचीत करना सीखते हैं, तो गलतफहमियां कम होती हैं और सभी की बात सुनी जाती है। बच्चों को ध्यान से सुनना, अपनी बात साफ़ कह पाना और

दूसरों के विचारों का सम्मान करना सिखाना जरूरी है ताकि वे अच्छे से टीमवर्क कर सकें।

संघर्ष समाधान कौशल भी सिखाना जरूरी है। किसी भी समूह में मतभेद होना स्वाभाविक है, लेकिन उन्हें कैसे हल किया जाए, यह रिश्तों और समूह की एकता को तय करता है। जो बच्चे आपसी बहस को शांतिपूर्ण ढंग से सुलझा लेते हैं, वे बेहतर दोस्त और टीम मेंबर बनते हैं।

साथ ही, **समझौता** करना भी एक ज़रूरी कौशल है। जब बच्चे किसी समूह में काम करते हैं, तो सभी की पसंद-नापसंद अलग हो सकती है। ऐसे में अपने स्वार्थ को छोड़कर समूह के हित में काम करना सीखना जरूरी है। बच्चों को यह सिखाना कि हर बार उनकी मर्ज़ी नहीं चल सकती, बल्कि सभी के भले के लिए फैसला लेना चाहिए — यह उन्हें एक अच्छा टीम मेंबर बनाता है।

सहयोग सिखाने के लिए ऐसा माहौल बनाना बहुत ज़रूरी है जहाँ बच्चे इसे अनुभव कर सकें। परिवार, स्कूल और समाज ही बच्चों के सीखने की पहली जगहें हैं। जब बड़ों के व्यवहार में सहयोग दिखता है और बच्चों को भी इसके मौके दिए जाते हैं, तो वे इसे अभ्यास में लाते हैं।

बड़ों को खुद सहयोग दिखाना चाहिए — जैसे सहानुभूति, संवाद, समझौता और संघर्ष समाधान। बच्चे बड़ों को देखकर सीखते हैं। इसलिए माता-पिता और शिक्षक अगर सहयोग की मिसाल पेश करेंगे, तो बच्चे भी वही सीखेंगे।

बच्चों को सहयोग के मौके देना भी जरूरी है। ग्रुप प्रोजेक्ट, टीम गेम्स या सामाजिक सेवा जैसे काम बच्चों में सहयोग की भावना बढ़ाते हैं। इससे न केवल बच्चों के सामाजिक कौशल अच्छे होते हैं, बल्कि उन्हें समूह में जुड़ाव और अपनापन भी महसूस होता है।

प्रशंसा और सराहना भी बच्चों में सहयोग बढ़ाने के लिए बहुत असरदार तरीका है। जब बच्चों के सहयोगी व्यवहार की तारीफ़ होती है, तो वे और भी अच्छा करने के लिए प्रेरित होते हैं। जैसे — "मुझे अच्छा लगा कि तुमने सबकी मदद की" — ऐसा कहकर बच्चों को उनके योगदान का महत्व समझाया जा सकता है।

इसके अलावा, बच्चों को अलग-अलग लोगों के नजरिए को समझने की आदत डालनी चाहिए। इससे वे दूसरों के विचार और भावनाओं को समझकर अच्छा सहयोग कर सकते हैं। कहानियाँ पढ़ना, असली घटनाओं पर चर्चा करना और रोल-प्ले भी इसमें मदद करता है।

समूह में बच्चों का अपनापन बढ़ाने से भी सहयोग की भावना मजबूत होती है। जब बच्चे अपने परिवार, दोस्तों और समाज से जुड़े रहते हैं, तो वे सबके भले के लिए काम करने में रुचि लेते हैं।

समस्या-समाधान कौशल भी जरूरी हैं। जब बच्चे समस्याओं को पहचानकर उनके हल निकालना सीखते हैं, तो वे टीमवर्क में भी अच्छा करते हैं। इससे वे मिलकर काम करना और समूह के लक्ष्य पूरे करना सीखते हैं।

सहयोग एक ऐसा गुण है जो हर रिश्ते और टीमवर्क को मजबूत बनाता है। जब माता-पिता और शिक्षक बच्चों को सहानुभूति, संवाद, संघर्ष समाधान और समझौता करना सिखाते हैं, तो बच्चे एक-दूसरे के साथ मिलकर काम करना और समाज में सकारात्मक योगदान देना सीखते हैं। ऐसे बच्चे दुनिया को एक बेहतर जगह बना सकते हैं।

"मुश्किलों के बीच भी अगर हम मुस्कुरा सकें, तो यही हमारी आत्मा की असली ताकत है।"

19

जिज्ञासा की शक्ति – सीखने के प्रेम को प्रोत्साहित करना

बच्चों में सीखने के प्रति प्रेम जगाना एक अद्भुत और परिवर्तनकारी कार्य है। जिज्ञासा, यानी दुनिया को जानने और समझने की प्राकृतिक इच्छा, ज्ञान की खोज को बढ़ावा देती है और बौद्धिक विकास को गति देती है। बच्चों में जिज्ञासा को प्रोत्साहित करने के लिए ऐसा वातावरण बनाना जरूरी है, जो उन्हें सवाल पूछने और नई चीजें जानने के लिए प्रेरित करे। साथ ही, बड़े खुद भी जिज्ञासा दिखाएं, उन्हें खोज के मौके दें और लगातार समर्थन और प्रोत्साहन दें। इस तरह माता-पिता और शिक्षक बच्चों में जिज्ञासा को पोषित करके उन्हें आजीवन सीखने की ललक दे सकते हैं, समस्या सुलझाने की क्षमता बढ़ा सकते हैं और उनकी रचनात्मकता को प्रोत्साहित कर सकते हैं।

बच्चे स्वाभाविक रूप से बहुत जिज्ञासु होते हैं। वे अपने आसपास की हर चीज के बारे में सवाल पूछते रहते हैं। यह जिज्ञासा उनके मानसिक विकास का महत्वपूर्ण हिस्सा होती है, जो उन्हें दुनिया को समझने और भविष्य में सीखने के लिए तैयार करती है। माता-पिता और शिक्षक इस जिज्ञासा को बनाए रखने और बढ़ाने में अहम भूमिका निभाते हैं। इसके लिए वे बच्चों को किताबें, खिलौने, नेचर वॉक और विज्ञान प्रयोग जैसी चीजें दे सकते हैं, जो बच्चों की रुचि को जगाएं और उन्हें और जानने के लिए प्रेरित करें।

बड़े खुद भी जिज्ञासा दिखाकर बच्चों को सिखा सकते हैं कि जिज्ञासा कितनी जरूरी है। जब बच्चे अपने बड़ों को नई चीजों को सीखने, सवाल पूछने और नई जानकारी खोजने के लिए उत्साहित देखते हैं, तो वे भी वैसा ही व्यवहार अपनाते हैं। इस तरह बच्चे समझ जाते हैं कि जिज्ञासा पूरी जिंदगी के लिए जरूरी होती है और हमेशा नई चीजें सीखते रहना चाहिए।

बच्चों को उनकी रुचि के मुताबिक चीजें खोजने का मौका देना भी जरूरी है। ये मौके खेल, किताबें, मॉडल बनाना, प्रयोग करना और कल्पनात्मक खेल के रूप में हो सकते हैं। जब बच्चे अपनी पसंद से चीजें सीखते हैं, तो उन्हें सीखने में मज़ा आता है और वे उसमें पूरी लगन से जुट जाते हैं। इसके अलावा, उन्हें अलग-अलग क्षेत्रों के अनुभव करवाकर हम उनकी जिज्ञासा और भी बढ़ा सकते हैं।

बच्चों की जिज्ञासा को बढ़ाने के लिए उन्हें जब-जब तारीफ और प्रोत्साहन दिया जाए, तो वे और भी सवाल पूछने और खोज करने के लिए उत्साहित होते हैं। जैसे, "मुझे अच्छा लगा कि तुमने इस विषय के बारे में और जानने के लिए सवाल पूछे," ऐसा कहकर बच्चों को उनकी कोशिश का महत्व बताया जा सकता है।

बच्चों को यह सिखाना भी जरूरी है कि चुनौतियों को अवसर की तरह देखना चाहिए। ग्रोथ माइंडसेट, यानी यह मानना कि मेहनत और कोशिश से क्षमताओं को बढ़ाया जा सकता है, बच्चों को नई चीजों को सीखने के लिए उत्साहित करता है। इससे वे गलतियों से सीखते हैं और चुनौतियों का सामना हिम्मत से करते हैं।

बच्चों को हाथों-हाथ सीखने के मौके देना भी जरूरी है। जैसे — विज्ञान प्रयोग, नेचर वॉक, आर्ट प्रोजेक्ट्स और मॉडल बनाना — ये सब उनके लिए सीखने का मज़ेदार तरीका होते हैं। इससे वे खुद सवाल पूछकर, प्रयोग करके और हल ढूंढकर चीजें सीख सकते हैं।

बच्चों को सवाल पूछने और उनके जवाब ढूंढने के लिए प्रोत्साहित करें। इससे वे न केवल ज्ञान बढ़ाते हैं, बल्कि सोचने-समझने की क्षमता भी विकसित करते हैं। बच्चों के सवालों का जवाब उत्साह के साथ देना और उन्हें शोध, प्रयोग और खोज के जरिए जवाब ढूंढने में मदद करना उनकी जिज्ञासा को और मजबूत करता है।

बच्चों को रिसर्च और सवाल-जवाब की कला सिखाना भी बहुत फायदेमंद होता है। जैसे — भरोसेमंद जानकारी कहां से मिलेगी, कौनसी जानकारी सही है, अलग-अलग दृष्टिकोण से जानकारी कैसे इकट्ठा करें — ये सब सिखाकर उन्हें स्वतंत्र और तार्किक सोच वाला इंसान बनाया जा सकता है।

जिज्ञासा को बढ़ावा देने के लिए समुदाय और रिश्तों का होना भी जरूरी है। जब बच्चों को अपने परिवार, दोस्तों और समाज से जुड़ाव महसूस होता है, तो वे और भी अच्छे से सवाल पूछते और सीखते हैं। उन्हें ग्रुप में काम करने, अपनी खोज और सवाल दूसरों से शेयर करने का मौका दें, ताकि वे और भी बेहतर सीख सकें।

बच्चों को खुद से भी प्यार करना सिखाना जरूरी है, ताकि वे अपनी गलतियों से सीख सकें और नई चीजें जानने का जोश बना रहे। जब बच्चे खुद को समझते और सराहते हैं, तो उनमें आत्मविश्वास और जिज्ञासा दोनों बढ़ते हैं। खुद को प्यार करना सिखाने से वे और भी सकारात्मक तरीके से सीखने की कोशिश करते हैं।

जिज्ञासा एक आजीवन चलने वाला गुण है। इसे बनाए रखने के लिए माता-पिता और शिक्षक को लगातार प्रोत्साहन और सहयोग देना चाहिए। बच्चों के साथ नियमित बातचीत करना, खुद के अनुभव बताना और उन्हें नए-नए चीजें सीखने के मौके देना बहुत जरूरी है।

आखिर में, बच्चों में जिज्ञासा बढ़ाने का मतलब है उन्हें जिंदगीभर सीखने के लिए प्रेरित करना। जब माता-पिता और शिक्षक खुद भी जिज्ञासा दिखाते हैं, अच्छा माहौल बनाते हैं और उन्हें लगातार प्रोत्साहित करते हैं, तो बच्चे सीखने के प्रेम से भर जाते हैं और आगे चलकर समाज में रचनात्मकता और नए विचारों को जन्म देते हैं। जिज्ञासा की शक्ति न सिर्फ हमारे जीवन को समृद्ध करती है, बल्कि पूरे समाज को आगे बढ़ाने में मदद करती है।

"जीवन के हर अनुभव को एक नई दिशा देने का जज्बा ही इंसान को असली अर्थों में महान बनाता है।"

20

शांति का महत्व – बच्चों में विवाद समाधान और शांत स्वभाव सिखाना

बच्चों में शांति की भावना को विकसित करना उनके भावनात्मक विकास और सामाजिक समझ के लिए बहुत जरूरी है। जब बच्चों को विवादों को हल करना और शांत रहना सिखाया जाता है, तो वे दूसरों के साथ अच्छे संबंध बना पाते हैं और अपनी भावनाओं को बेहतर ढंग से संभालना सीखते हैं। शांति की शिक्षा देने के लिए माता-पिता और शिक्षक एक ऐसा माहौल बना सकते हैं जो शांतिपूर्ण व्यवहार को बढ़ावा दे, खुद शांत रहकर उदाहरण पेश करें, बच्चों को अभ्यास के मौके दें और लगातार मार्गदर्शन और सहयोग करें। इससे बच्चे यह सीखते हैं कि कैसे विवादों को प्यार और समझदारी से हल किया जा सकता है और अपने भीतर शांति बनाए रखी जा सकती है।

बचपन से ही बच्चे छोटे-मोटे विवादों का सामना करते हैं — जैसे भाई-बहनों से झगड़े, दोस्तों से मतभेद, या बड़ों से असहमति। ऐसे अनुभव बच्चों को यह सिखाने का मौका देते हैं कि कैसे विवाद सुलझाए जाएं और रिश्तों को मधुर बनाया जाए। माता-पिता और शिक्षक बच्चों का सही मार्गदर्शन करके उन्हें यह सिखा सकते हैं कि शांतिपूर्ण तरीकों से विवाद कैसे सुलझाया जाए। जैसे — ध्यान से सुनना,

अपनी भावनाएं आदर के साथ व्यक्त करना और समाधान निकालना। जब बच्चे बड़ों को शांत और समझदारी से विवाद सुलझाते हुए देखते हैं, तो वे भी वैसा ही व्यवहार अपनाते हैं।

शांति का वातावरण बनाना भी बहुत जरूरी है। इसके लिए बच्चों को यह बताना जरूरी है कि शांतिपूर्ण व्यवहार अपेक्षित और सराहनीय है। जब बच्चों को पता होता है कि शांति और सहमति को महत्व दिया जाता है, तो वे भी वैसा ही करने की कोशिश करते हैं। उदाहरण के लिए — "मुझे अच्छा लगा कि तुमने अपने दोस्त से शांत होकर बातचीत की," ऐसा कहकर बच्चों को उनके शांतिपूर्ण व्यवहार की तारीफ करनी चाहिए।

बच्चों में सहानुभूति विकसित करना भी बहुत जरूरी है। जब बच्चे दूसरों की भावनाओं को समझना और महसूस करना सीखते हैं, तो वे शांतिपूर्ण तरीके से विवाद सुलझाने में सक्षम हो जाते हैं। बच्चों को यह सिखाएं कि दूसरों की स्थिति में खुद को रखकर सोचें, अपनी भावनाओं को समझें और अपने कार्यों का असर दूसरों पर भी समझें। इसके लिए कहानियाँ सुनाना, वास्तविक जीवन की घटनाओं पर चर्चा करना और रोल-प्ले जैसे खेल करना फायदेमंद होता है।

बच्चों को अपनी भावनाओं को संभालना भी सिखाना जरूरी है। शांत रहना तभी संभव होता है जब बच्चा गुस्सा या तनाव आने पर खुद को काबू कर सके। इसके लिए गहरी सांस लेना, सकारात्मक बातें सोचना और माइंडफुलनेस जैसी तकनीकें सिखाई जा सकती हैं। इससे बच्चा खुद को समझेगा और आत्म-नियंत्रण करना सीखेगा।

बच्चों को समस्या-समाधान की कला सिखाना भी शांति को बढ़ावा देता है। जब बच्चे समस्याओं को पहचानकर, समाधान सोचकर और मिलजुलकर हल करना सीखते हैं, तो उनमें आत्मविश्वास और समझदारी आती है। बच्चों को यह सिखाएं कि गलतियों से भी सीखा जा सकता है और चुनौतियों को अवसर की तरह देखना चाहिए।

परिवार और समाज से जुड़े रहने की भावना भी बच्चों में शांति का विकास करती है। जब बच्चों को लगता है कि वे अपने परिवार और दोस्तों से जुड़े हुए हैं, तो वे

भी शांतिपूर्ण व्यवहार करते हैं। उन्हें टीम में काम करने, समाज में भाग लेने और जिम्मेदारी निभाने का मौका दें, ताकि उनमें शांति और सहमति की भावना और गहराई से आए।

बच्चों को खुद से प्यार करना भी जरूरी है। जब बच्चे खुद को समझते और स्वीकारते हैं, तो वे अंदर से मजबूत होते हैं और शांत रह पाते हैं। खुद की तारीफ करना, अपनी ताकत को पहचानना और अपनी देखभाल करना बच्चों में आत्मविश्वास और शांति की भावना लाता है।

शांति का महत्व एक आजीवन सीखने वाली प्रक्रिया है। बच्चों को लगातार सहयोग और प्रोत्साहन देकर ही हम उन्हें शांति के रास्ते पर आगे बढ़ा सकते हैं। बच्चों से बातचीत करना, अपने अनुभव बांटना और रोजमर्रा में शांतिपूर्ण व्यवहार करने के मौके देना इसमें बहुत मदद करता है।

अंत में, बच्चों में शांति का महत्व सिखाने का मतलब है उन्हें यह समझाना कि विवादों को प्यार और समझ से सुलझाना और अपने भीतर शांति बनाए रखना कितना जरूरी है। जब माता-पिता और शिक्षक खुद शांत रहते हैं, अच्छा वातावरण बनाते हैं और बच्चों को प्रोत्साहित करते हैं, तो बच्चे शांति की राह पर चलना सीख जाते हैं और यह गुण जीवनभर उनके साथ रहता है। शांति की यह कला न केवल बच्चों को मजबूत बनाती है बल्कि पूरे समाज में आपसी समझ और भाईचारे की भावना को भी बढ़ाती है।

“अंधेरे के बादल चाहे जितने भी घने हों, उम्मीद का सूरज हमेशा नई रोशनी लेकर आता है।”

21
सारांश

बच्चों में मजबूत नैतिक चरित्र और सामाजिक जिम्मेदारी का विकास एक बहुआयामी प्रक्रिया है, जिसमें अनेक गुणों और कौशलों को विकसित करना शामिल है। दया, ईमानदारी, सहानुभूति, सहनशीलता, जिज्ञासा और साहस जैसे गुण बच्चों के व्यक्तित्व निर्माण और सामाजिक संपर्क के लिए अत्यंत आवश्यक हैं। इन मूल्यों के माध्यम से हम बच्चों को संवेदनशील, जिम्मेदार और आत्मनिर्भर बनाते हैं, ताकि वे दुनिया के साथ सकारात्मक रूप से जुड़ सकें।

चरित्र विकास का आधार नैतिक मूल्यों की समझ है, जो बच्चों को अपने आसपास के लोगों के व्यवहार और मूल्यों को देखकर मिलता है। माता-पिता और शिक्षक इस प्रक्रिया में अहम भूमिका निभाते हैं—वे बच्चों के सामने आदर्श प्रस्तुत कर उन्हें सही-गलत का भेद सिखाते हैं। एक सुरक्षित और पोषक वातावरण बच्चों को यह सिखाने में मदद करता है कि दया, सहानुभूति, ईमानदारी, जिम्मेदारी और साहस क्यों महत्वपूर्ण हैं।

सहानुभूति बच्चों को दूसरों की भावनाओं को समझने और उनके साथ जुड़ने में मदद करती है। कहानियों और रोल-प्ले जैसे गतिविधियों से यह गुण विकसित किया जा सकता है।

इज़्ज़त (सम्मान) सिखाने के लिए माता-पिता खुद सम्मानजनक व्यवहार करें और बच्चों को भी ऐसा करने के लिए प्रेरित करें।

ईमानदारी से विश्वास और सच्चाई का विकास होता है, जो बच्चों को एक विश्वसनीय और ईमानदार व्यक्ति बनाता है।

दया बच्चों को अपने और दूसरों के जीवन में सकारात्मक बदलाव लाने की प्रेरणा देती है।

जिम्मेदारी का मतलब है अपने काम और व्यवहार की जिम्मेदारी लेना।

साहस बच्चों को चुनौतियों का सामना करने में सक्षम बनाता है।

धैर्य से बच्चों में इंतजार करने की आदत और संयम विकसित होता है।

कृतज्ञता बच्चों को हर अच्छे अनुभव के प्रति आभारी बनाती है।

विनम्रता (Humility) बच्चों को अपने गुणों को पहचानने और दूसरों के योगदान का सम्मान करने की समझ देती है।

उदारता (Generosity) बच्चों को बिना किसी स्वार्थ के दूसरों की मदद करना सिखाती है।

आत्म-अनुशासन (Self-Discipline) बच्चों को अपने व्यवहार और इच्छाओं को नियंत्रित करने में मदद करता है।

दृढ़ता (Perseverance) बच्चों को मुश्किलों का सामना करने और हार न मानने की प्रेरणा देती है।

आशावाद (Optimism) बच्चों को हर परिस्थिति में सकारात्मक दृष्टिकोण बनाए रखने में मदद करता है।

सेवा (Service) दूसरों की मदद करने और समाज में योगदान देने की भावना सिखाती है।

न्यायप्रियता (Fairness) बच्चों को सबके साथ समान व्यवहार करना सिखाती है।

क्षमा (Forgiveness) बच्चों को ग़लतियों को माफ़ कर आगे बढ़ने की समझ देती है।

सहयोग (Cooperation) बच्चों को टीमवर्क और मिल-जुलकर काम करने का महत्व सिखाता है।

जिज्ञासा (Curiosity) बच्चों को सीखने और खोजने के लिए प्रेरित करती है।

शांति (Peacefulness) बच्चों को शांतिपूर्ण तरीक़े से विवाद सुलझाने और आंतरिक शांति बनाए रखने में मदद करती है।

इन सभी गुणों को बच्चों में विकसित करके हम उन्हें एक दयालु, आत्मनिर्भर और जिम्मेदार इंसान बनने के लिए तैयार करते हैं। माता-पिता और शिक्षक जब लगातार इन गुणों को अपने व्यवहार में उतारते हैं और बच्चों को भी इनका अभ्यास करने का अवसर देते हैं, तो बच्चे इन्हें अपने जीवन का हिस्सा बना लेते

हैं। इस प्रकार का समग्र चरित्र निर्माण न केवल बच्चों के जीवन को बेहतर बनाता है, बल्कि एक करुणामय, लचीला और जिम्मेदार समाज बनाने में भी योगदान देता है।

"जब हम बच्चों के नैतिक और सामाजिक विकास में निवेश करते हैं, तो हम सबके लिए एक बेहतर भविष्य की नींव रखते हैं।"

उद्धरण और संदर्भ

यह पुस्तक व्यापक अनुसंधान और सूक्ष्म विश्लेषण का परिणाम है, जिसमें विभिन्न स्रोतों जैसे अनेक पुस्तकों, विद्वानों के अध्ययन और व्यक्तिगत अनुभवों को सम्मिलित किया गया है। इसके अतिरिक्त, मैंने इस कार्य को संकलित करने के लिए प्रासंगिक जानकारी और आंकड़े जुटाने हेतु विभिन्न वेबसाइटों की भी खोज की है। मैंने प्रस्तुत जानकारी की सटीकता सुनिश्चित करने के लिए हर संभव प्रयास किया है और सभी स्रोतों का विधिपूर्वक उल्लेख किया है ताकि उनके योगदान को सम्मानित किया जा सके।

इन प्रयासों के बावजूद, अनजाने में त्रुटियाँ होने की संभावना बनी रहती है। मैं अपने पाठकों के विचारों को अत्यधिक महत्व देता हूँ और किसी भी ऐसी त्रुटि की पहचान करने और उसे सुधारने के लिए आपके फीडबैक का स्वागत करता हूँ। मैं आपसे आग्रह करता हूँ कि किसी भी प्रकार की विसंगतियों को मेरी जानकारी में लाएँ।

आपका फीडबैक न केवल स्वागत योग्य है बल्कि अत्यावश्यक भी है, क्योंकि यह वर्तमान संस्करण में सुधार लाने और भविष्य के संस्करणों की सामग्री को और बेहतर बनाने में मदद करेगा। मैं अपनी कृतियों में उच्चतम स्तर की सटीकता और विश्वसनीयता बनाए रखने के प्रति प्रतिबद्ध हूँ और आपके समर्थन और समझ के लिए धन्यवाद देता हूँ।

इसके अतिरिक्त, मैं संविधान के अनुच्छेद 19(1)(क) के तहत गारंटीकृत अभिव्यक्ति की स्वतंत्रता के सिद्धांत का दृढ़ता से पालन करती हूँ और अपने सभी पाठकों के विविध दृष्टिकोणों और अभिव्यक्तियों का सम्मान करता हूँ।

Other Books Of The Author

1. Empowering Minds: A Journey into Women's Self-Discovery and Power
2. The Dynamics of Motivation: Catalyzing Thought into Action
3. Meditation and Mental Well Being: The Path to Inner Peace and Clarity
4. The Psychology of Child Education: Nurturing Future Generations
5. Ethical Enlightenment: A Modern Guide to Living with Integrity
6. Voices of Empowerment: Stories of Women Rising Against Odds
7. Social Psychology in Everyday Life: Understanding Human Connections
8. The Essence of Motivational Speaking: Inspiring Change in Others
9. Balancing Acts: Women, Work, and the Will to Lead
10. Guiding with Grace: Raising Children with Compassion and Awareness
11. The Power of Positive Aging: Embracing Life After Fifty
12. Building Resilient Communities: Social Work in Action
13. The Ethical Educator: Principles for Teaching and Learning
14. Innovative solutions for Social Change: The Role of Social Psychology for crafting a Better World
15. The Ethics of Empathy: A Guide to Ethical Living
16. The Science of Empowering the Self: Navigating Life's Challenges with Psychological Wisdom
17. The Mindful Conscious Leader: Meditation Techniques for Modern Management
18. Pioneering Spirit: Women's Pathways to Leadership and Empowerment
19. Feeling to Healing: The Role of Emotional Intelligence in Child Development
20. Transformative Talks and Words of Inspiration: Insights into

67. Seeds of Empathy: Fostering Compassion in Young Hearts
68. The Reading Revolution: Inspiring a Love of Books in Children
69. The Learning Brain: Unlocking the Secrets of Student Success
70. Teaching for All: Differentiated Instruction Strategies
71. The Time Alchemist: Mastering Time Management for Peak Performance
72. The Resilience Factor: Transforming Setbacks into Stepping Stones
73. The Healing Touch of Nature: An Introduction to Naturopathy
74. Echoes of the Past: Healing Through Past Life Regression
75. The Spiritual Healer's Handbook: Exploring Energy Medicine
76. Crystal Clarity: Unveiling the Power of Gemstones
77. The Dream Weaver's Guide: Decoding the Language of Dreams
78. Emotional Alchemy: Transforming Pain into Power
79. Sonic Serenity: Harnessing Sound for Stress Relief
80. The Entrepreneur's Playbook: Launching Your Business with Confidence
81. Productivity Unleashed: Time Management Strategies for Entrepreneurs
82. The Problem Solver's Toolkit: Creative Solutions for Business Challenges
83. The Future is Now: Emerging Trends in Business
84. The Curious Explorer: A Child's Guide to Scientific Discovery
85. Digital Pioneers: Empowering Kids in the Tech World
86. The Young Philosopher's Guide: Exploring Life's Big Questions
87. Finding Your Voice: Communication Skills for Confident Kids
88. Nature's Playground: A Child's Guide to Outdoor Adventure
89. Growing a Greener Tomorrow: A Guide to Tree Planting & Conservation
90. Driving with Purpose: Ethical Choices on the Road
91. The Healing Touch: Cultivating Compassion in Healthcare
92. Navigating the Digital Landscape: Ethics in the Age of Social Media
93. The Ethical Closet: A Guide to Sustainable Fashion
94. The Mindful Voyager: Sustainable Travel Practices

৬৯

Contact

Dr. Minakshi Bansal
Social Activist
Ahmedabad, Gujarat, Bharat
dhanyamfoundation@gmail.com

|| LOKAHA SAMASTHAHA SUKHINO BHAVANTU ||

• 135 •